DANIEL HOPE
mit Wolfgang Knauer

Toi, toi, toi!
Pannen und Katastrophen
in der Musik

Mit Zeichnungen von
F. W. Bernstein

Rowohlt

1. Auflage März 2011
Copyright © 2011 by Rowohlt Verlag GmbH,
Reinbek bei Hamburg
Alle Rechte vorbehalten
Lektorat Uwe Naumann
Satz DTL Haarlemmer PostScript (InDesign)
bei Pinkuin Satz und Datentechnik, Berlin
Druck und Bindung CPI – Clausen & Bosse, Leck
Printed in Germany
ISBN 978 3 498 03013 1

Das für dieses Buch verwendete FSC®-zertifizierte Papier
Schleipen Werkdruck liefert Cordier, Deutschland.

Für Mum und Dad,
die mir schon so oft bei der Vermeidung
etlicher Pannen und Katastrophen
beigestanden haben …

Inhalt

Zum Thema	11
Am Anfang war die Panne	13
Katastrophen faszinieren	17
Drei Silben und ein frommer Glaube	23
Regelwerk fürs Glück	24
Wölfe mit Spucke	26
Beinbruch gegen böse Geister	28
Ein Unglück kommt selten allein	31
Desaster in der Normandie	32
Ludwig van Murphy	34
Zeichen und Tische	39
Spiritistische Kontakte	41
Verfolgt von Zahlen	42
Leben und Sterben mit 23	44

Von Schafen und Mäusen 47
   Ein Reh für Rusalka 49
   Donkey-Serenade mit Klavier 50
   Mäuse für die Freiheit 52
   Taubenpost 54

Premieren auf dem Pulverfass 57
   Alarm für Tosca 59
   Ein Floß erleidet Schiffbruch 61

Zwischen Knute und Knast 65
   Opernstar in der Todeszelle 67
   Mit Zensur und Steckbrief 70
   Arrest für den Unsterblichen 72
   Mozart für den Tyrannen 73

Mord und Madrigale 77
   Der Fürst als Killer 79

Feuer, Wasser und viel Asche 83
   Ein Sturm macht Musikgeschichte 85
   Präsident als Talisman 86
   Ein Vulkan mag keine Oper 87
   Alles Asche mit Brahms 88
   Flammendes Inferno 93
   Musik im Bombenhagel 99
   Bach mit Gasmaske 101

Feuerwasser, Koks und Kekse 105
   Leckerei mit Folgen 107

Enfant terrible mit viel Promille	108
Im Vollrausch am Klavier	110
Aufwachen zum Solo!	111
Trunkenheit am Taktstock	112

Teufel Technik   115
- Klaffende Wunde beim Figaro — 117
- Gespielt wie ein Junkie — 119
- Bach mit Diesel, Haar in der Oboe — 121
- Wecken in Chicago — 122
- Fluch auf der Orgelbank — 124
- Zwitschern bei der Schöpfung — 125
- Offenes Mikrophon — 127

Randale und einsame Momente   129
- Pferdefreunde mit Trillerpfeifen — 130
- Gefährliche Scala — 132
- Watsch'n für ein Frühlingsopfer — 133
- Stinkbomben und Sanktionen — 135
- Einsam auf weiter Flur — 137
- Ein U-Boot für den Chansonnier — 138

Blackouts und Kleinholz   143
- Verwirrendes Potpourri — 145
- In der Warteschleife — 149
- Rossini im Rollstuhl — 151
- Check-in für Stradivari — 152
- Flügel mit Totalschaden — 155

In höchster Not 157
   Gefürchteter Husten 159
   Sehen und gesehen werden 160
   Horrortrip zu Frankenstein 162
   Der Weg wurde Ziel 164
   Panik beim Protokoll 165

Letzte Katastrophen 169
   Spinnen, Gift und Cholera 173
   Tragische Unfälle 175
   Schlechtes Karma, gute Vorzeichen 176

Anhang
   Diskographie Daniel Hope 183
   Verwendete Literatur (Auswahl) 187
   Personenregister 189

Zum Thema

Alles Gute kommt von oben, heißt es zwar in der Bibel, aber ich bin trotzdem immer ein bisschen skeptisch. Zumindest wenn ich gerade aus der Tür ins Freie trete, an einer Hausfront vorbeigehe oder unter einem Gerüst hervorkomme. Könnte doch sein, dass mir im nächsten Augenblick der vielzitierte Blumentopf, wenn nicht Schlimmeres, auf den Kopf fällt. Unglück schläft bekanntlich nicht, und man sollte immer darauf gefasst sein, dass es zuschlägt.

Die meisten wissen es. Ganz bestimmt die meisten Musiker, wie ich aus langjähriger Erfahrung bestätigen kann. Wenn sie auf die Bühne gehen oder im Orchestergraben Platz nehmen, ist alles möglich, was man sich an Katastrophen ausmalen kann.

Die einen schicken Stoßgebete nach oben, damit es gutgeht, die anderen vertrauen auf Glücksbringer aller Art und auf das ungezählte Male ausgerufene «Toi, toi, toi». Mit unsicherem Erfolg.

Verhindern ließen sich die kleinen und großen Katastrophen noch nie, sie verfolgen die Musiker ein Leben lang, manchmal schon vom allerersten Auftritt an. Mir ist es so gegangen, im sonnigen Alter von sechs Jahren, als ich gerade mit der Geige angefangen hatte und in einer jener Leistungsschauen mitspielen sollte, in denen musizierende Kinder ihren stolzen Eltern vorführen, was sie schon alles auf ihrem Instrument gelernt haben. Selbstverständlich war ich höllisch aufgeregt, und das Herz klopfte mir bis zum Hals, als ich zusammen mit den anderen Schülern unserer Geigenlehrerin hinter der Bühne des Purcell-Saals im Londoner South Bank Centre Aufstellung nahm. Gleich würde es so weit sein, nur die Schwingtür zur Bühne trennte uns noch von der großen Bewährungsprobe.

Die Schwingtür! Mit leichtem Schauder denke ich noch heute an sie. Hinaus aufs Podium war alles gut gegangen. Unter dem Beifall des Publikums waren wir Kinder im Gänsemarsch auf die Bühne gezogen, hatten uns im Halbkreis aufgebaut und warteten auf unseren Einsatz. Mein Platz war hinten in der Mitte, direkt vor der Schwingtür, und das war mein Verhängnis. Für einen kurzen Moment muss ich mich ein wenig zu weit nach hinten gelehnt haben, jedenfalls gab die Tür nach, ich verlor den Halt und flog mitsamt meiner Geige rückwärts, während sich die Tür sofort wieder schloss. Ende des Auftritts, bevor er richtig begonnen hatte. Zwar habe ich mich schnell berappelt und bin mit hochrotem Kopf auf die Bühne zurückgekehrt, aber das Riesengelächter, für das ich bei meinem Einstieg ins Konzertleben gesorgt hatte, klingt mir noch immer in den Ohren.

Am Anfang war die Panne

Wenn es stimmt, dass die Musik vor Tausenden von Jahren von dem legendären thrakischen Sänger Orpheus erfunden wurde, kommt man an der Erkenntnis nicht vorbei, dass ihre Geschichte gleich mit einer Panne begonnen hat. Oder sagen wir richtiger: mit einem Desaster, denn was damals passiert sein soll, war verhängnisvoll und tragisch: Die Karriere des ersten musikalischen Superstars endete in einer persönlichen Katastrophe.

Dabei hatte alles so gut angefangen. Orpheus konnte singen wie ein Gott, schöner und strahlender als Farinelli, Caruso und Pavarotti zusammengenommen, und er beherrschte die siebensaitige Kithara, auf der er sich selbst begleitete, wie kein Zweiter. Wo immer er auftrat, zog er das Publikum mit seinen Liedern in den Bann, versetzte es in jubelnde Begeisterung und rührte es zu Tränen. Ob Hirten, Nymphen oder Philosophen, die Antike lag ihm geschlossen zu Füßen, und hätte es schon Fan-Clubs gegeben, wäre bestimmt die ganze Welt damals Mitglied geworden.

So lief es, bis eines Tages seine Frau, die schöne Eurydike, von einer Schlange gebissen wurde und starb. Für den begnadeten Sänger eine Katastrophe, er hatte das Liebste verloren, das er neben der Musik besaß. Es bedeutete das Ende seiner Laufbahn, das Aus für seine Kunst.

Doch auf diesem Tiefpunkt seiner Künstlerexistenz entschloss sich Orpheus, alles auf eine Karte zu setzen und das Unmögliche zu versuchen: Er stieg in den Orkus hinab, um Eurydike von den Toten zurückzuholen, mit Hilfe der Musik.

Zwar war es jedem Lebenden verboten, den Grenzfluss zur Unterwelt zu überqueren, aber Orpheus versetzte den Fährmann mit seinem Gesang derart in Trance, dass er dessen Boot entwenden konnte und ans andere Ufer kam. Dort lauerte das nächste Hindernis, der beißwütige Höllenhund Zerberus, der ebenfalls sehr empfänglich war für Musik und den singenden Orpheus passieren ließ.

Blieb nur noch Hades, der allmächtige Chef der Unterwelt, ohne dessen Genehmigung nichts aus der Rückholaktion werden würde. Doch auch er kapitulierte vor der Macht der Musik und ließ Eurydike frei. Einzige Bedingung: Auf dem Weg nach oben dürfe sich Orpheus keinesfalls nach seiner Frau umsehen.

Er tat es bekanntlich doch, mit der Folge, dass Eurydike kehrtmachen und in das Schattenreich zurückkehren musste, diesmal unwiderruflich und für immer. Und während sie wieder hinab in den Orkus wanderte, verbrachte Orpheus noch einige Zeit traurig auf der Erde, ehe ihn sein göttlicher Vater Apoll auf den Olymp holte. Gesungen hat er seit seiner Höllenfahrt nie mehr.

Natürlich ist alles nur eine Sage, aber so wie bei anderen Mythen auch sind im Kern manche Wahrheiten verborgen. Beispielsweise, dass die Musik eine große Macht ist, eine

Menge vermag, wenn man sie lässt, und sogar die ganze Welt verzaubert, sofern sie Gelegenheit erhält, zu den Menschen zu sprechen. Auch dass Stars und Idole schnell vom Sockel stürzen können, gibt uns der Orpheus-Fall zu denken; dass Ruhm und Karrieren nicht ewig halten, sondern oft von jetzt auf gleich verblassen und vergehen, vom Publikum kaum weniger begierig verfolgt wie zuvor der Aufstieg an die Spitze.

Schließlich macht die Sage klar, dass Störfälle von Anfang an dazugehören, dass es sie zu allen Jahrhunderten der Musikgeschichte gegeben hat, wenn auch glücklicherweise nur selten von so großer Tragik. Doch auch die schlimmen Desaster und verhängnisvollen Katastrophen sind vorgekommen, einige sogar mit tödlichem und bis heute rätselhaftem Ende.

Umso schöner, dass viele Pannen zwar im Gedächtnis, aber gleichwohl ohne dramatische Folgen geblieben sind, Zwischenfälle, die im Augenblick der Entstehung im höchsten Maß erschreckten, sich aber mit Geistesgegenwart und Eleganz meistern ließen und mit befreitem Lachen aller Beteiligten endeten.

Katastrophen faszinieren

Es führt kein Weg daran vorbei, auch wenn sich wohl nie restlos klären lassen wird, warum: Katastrophen faszinieren. Nicht etwa bloß die Ereignisse von apokalyptischen Ausmaßen, wenn die Natur den Höllenschlund zu öffnen scheint und die entfesselten Elemente ganze Völker in den Abgrund reißen. Auch nicht allein die von den Menschen selbst verursachten Fälle, die massenhaft Tod und Verderben bringen und überall Angst und Schrecken verbreiten. Es gilt ebenso für die vergleichsweise kleinen Katastrophen, die sich im Alltag zutragen und nur wenige betreffen.

Jedes Unheil übt eine merkwürdige, fast magische Anziehungskraft aus. Selbstverständlich nur auf diejenigen, die nicht selbst zu den Leidtragenden gehören, sondern sich auf die Zuschauerrolle beschränken können, mit gehörigem Sicherheitsabstand zum Geschehen. Das ist keine Besonderheit unserer Zeit, es war schon früher so, wie sich beispielsweise in Goethes «Faust» nachlesen lässt: «Nichts Bessers weiß ich mir an Sonn- und Feiertagen», spricht dort bekanntlich der brave Bürger, «als ein Gespräch von Krieg und Kriegsgeschrei, wenn hinten, weit, in der Türkei die Völker aufeinander schlagen.»

Was einst der Stammtisch leisten musste, erledigt inzwischen der moderne mobile Katastrophentourismus. Wahre Pilgerströme von Schaulustigen setzen sich, wann immer irgendwo etwas Schreckliches passiert, wie von selbst in Marsch, um den Ort des Schreckens aus nächster Nähe in Augenschein zu nehmen und das Entsetzliche gleichsam hautnah nachzuerleben.

Man könnte auf die Idee kommen, da sei ein Impuls im Spiel, wie man ihn fälschlicherweise den Lemmingen nachgesagt hat, eine geheimnisvolle Kraft, mit der das tödliche Verhängnis immer neue Opfer anlockt. Aber vermutlich geht das zu weit. Wahrscheinlicher ist, dass die menschliche Psyche dann und wann ganz einfach Lust auf Gänsehaut und Grusel verspürt, je realer, desto besser. Horrorfilme und Geisterbahn auf dem Jahrmarkt können auch schon einiges bieten, aber erst die Wirklichkeit vermittelt wahre Befriedigung. Man möchte den Schauder des Entsetzlichen ganz authentisch fühlen und unverfälscht empfinden, wie es einem eiskalt den Rücken hinunterläuft – und dann in dem wohligen Bewusstsein wieder heimgehen, wie gut man es doch hat.

Und was ist mit den kleinen Katastrophen, denen man begegnet? Es gibt sie ja reichlich, die eher harmlosen Störfälle und Pannen im öffentlichen Leben, die für die Beteiligten zwar ärgerlich genug sind, aber keine schlimmen Folgen haben. Sie kommen täglich vor, in allen Bereichen. Zum Beispiel, wenn während der TV-Nachrichten der Teleprompter ausfällt und der Sprecher heillos ins Stammeln gerät oder wenn ein Politiker am demonstrativen Verlassen des Saals gehindert wird, weil die Türen verschlossen sind,

oder dem Fußballprofi beim Fallrückzieher die Hose über die Knie rutscht.

Oder nehmen wir, um zum Thema dieses Buches zu kommen, die kleinen oder größeren Unglücksfälle in der Musik, an denen gleichfalls noch nie Mangel war. Die Skala der Möglichkeiten ist unendlich: Einem Dirigenten kann beim Fortissimo-Einsatz der Taktstock aus der Hand fliegen, der Sängerin das Dekolleté verrutschen, dem Pianisten der Flügel wegrollen oder dem Liebespaar in «Aida» beim letzten Duett die Pappmaché-Pyramide auf den Kopf fallen.

Auch solche Vorkommnisse haben ihre Attraktion. Und fragt man nach dem Grund, kommt man gleichfalls auf verborgene Wünsche und Bedürfnisse. Die Schadenfreude gehört dazu, das klammheimliche Vergnügen, dass ausgerechnet dem ein Missgeschick passiert, der doch so perfekt und fehlerfrei erschien und seine Überlegenheit womöglich auch gern zur Schau gestellt hat. Solchen Typen gönnt man ein bisschen Pech von Herzen, auch wenn man es eigentlich nicht darf, weil sich Freude über fremdes Ungemach nicht gehört. Darüber zu lachen, haben wir alle irgendwann einmal gelernt, ist bösartig und nicht weit entfernt von Niedertracht und Häme.

Aber nicht nur das. Denkbar ist auch, dass eine geheime Lust am Destruktiven mit im Spiele ist, eine unterschwellige Lust am Chaos, die ein Ventil braucht, es aber in der wohl geordneten bis streng geregelten Gesellschaft nur schwer finden kann. Hin und wieder liest man ja davon, dass so mancher gesittete Bürger genug hat von dauernder Reglementierung und öder Routine und in seinem tiefsten Innern davon träumt, es mal richtig krachen zu lassen und fröhlich mit anzusehen, wie alles drunter und drüber geht. Aber wer traut sich schon? Und selbst wenn – wem würde es schon in großem Stil gelingen?

Wie schön, wenn dann wenigstens ab und zu andere oder auch der Zufall dafür sorgen, dass die Ordnung auf der Strecke bleibt, nicht dauerhaft natürlich, aber doch für einen befreienden Moment. Hinterher soll schon alles wieder in die vorgeschriebenen Bahnen zurückfinden, und ernsthaft zu Schaden kommen soll auch niemand, man möchte schließlich als Zuschauer hinterher kein schlechtes Gewissen haben.

In der Musik wird Ordnung aus guten Gründen besonders groß geschrieben, mehr noch, sie ist lebenswichtig – musizieren ohne die Einhaltung strenger Regeln kann man nicht. Schon kleinste Pannen fallen auf, selbst minimale Störfälle können fatale Folgen haben. Und weil das so ist, legen Musiker größten Wert auf Perfektion, auch wenn ihnen bewusst ist, dass von der ersten bis zur letzten Sekunde ihres Spiels Gefahr droht.

Schon ganz früh in meinem Geigenunterricht hat dieses Thema eine Rolle gespielt. Ich kann mich gut daran erinnern, wie mich mein Lehrer fragte, was ich denn tun würde, wenn ich beim Spielen plötzlich den Faden verliere und nicht mehr weiß, wie es weitergeht. Erwartet hatte er die Antwort: «Ich gehe zum Klavier und werfe dort einen Blick in die Noten.»

So viel Routine hatte ich damals als kleiner Junge aber noch nicht. Deshalb sagte ich: «Lächeln.» Heute weiß ich, dass das nicht ganz falsch war. The show must go on!

Drei Silben und ein frommer Glaube

Ich weiß nicht, wie oft ich die drei geheimnisvollen Silben schon gehört habe. Zehntausend-, hunderttausendmal? Vielleicht sogar noch häufiger. Drei Silben, die Glück und Erfolg bringen und Unheil abwenden sollen. Natürlich Aberglaube, was sonst! Wir sind doch schließlich alle aufgeklärte Menschen, denken rational und vernünftig und sind gefeit gegen allen übersinnlichen Firlefanz.

Bisher habe ich kaum jemanden getroffen, der ernsthaft von der segensreichen Kraft des «Toi, toi, toi» überzeugt war. Zumindest wollte es keiner zugeben, weder Musikerkollegen noch Künstler aus anderen Bereichen. Allen ist bewusst, dass es einzig und allein auf ihre eigenen Kräfte und Fähigkeiten ankommt, wenn sie hinausgehen auf die Bretter, die die Welt bedeuten. Nichts und niemand kann einem helfen bei der großen Bravourarie, dem heiklen Monolog oder dem teuflisch schweren Solo. Keine Hasenpfote in der Hosentasche, kein Glückspfennig im Geigenkasten und auch kein «Toi, toi, toi» vor dem Auftritt wird garantieren, dass man heil durchkommt. Selbst auf die günstigen Vorzeichen, denen so viel positive Wirkung zugetraut wird, sollte sich niemand verlassen. Den meisten, wenn nicht allen, ist das völlig klar.

Wehe allerdings, man hat das seit Jahren sorgsam gehütete Amulett zu Hause vergessen, oder die Freunde haben versäumt, einem vor dem Auftritt in der bekannten Manier dreimal über die Schulter zu spucken! Schweiß und Panik brechen aus. So etwas muss ja Unglück bringen, durchfährt es den betroffenen Künstler, und resignierend findet er sich damit ab, dass der Abend wohl böse enden wird. Und fragt man in solchen Fällen, wo denn der gebotene Realismus bleibe, bekommt man zur Antwort: Mögen Glücksbringer und traditionelle Segenswünsche auch nichts nützen und gute Vorzeichen nur trügen – schaden könnten sie ja wohl keinesfalls.

Es lebe die Rückversicherung!

Regelwerk fürs Glück

Mir fällt da ein alter Cellist ein, sehr klug, sehr belesen und, wie ich bei unserem Zusammentreffen unmittelbar vor einem gemeinsamen Konzert feststellen sollte, ein wahrer Philosoph. Der Dirigent des Abends hatte einen Knopf an seinem Frack verloren, und eine hilfsbereite Flötistin bot sich an, ihn wieder anzunähen, und zwar gleich so, ohne dass er die Jacke auszog. Ich kann mich gut an das entsetzte Gesicht des Maestros erinnern. «Um Himmels willen!», wehrte er ab. «Bloß kein Kleidungsstück am Leibe flicken! Das bringt Unglück!» Und der Cellist nickte zustimmend.

Inzwischen weiß ich, dass Knopfannähen direkt am Körper nach altem Aberglauben nichts Gutes verheißt, sondern im Gegenteil ein ähnlich böses Omen ist wie Salzverschütten oder herunterfallende Bilder. Damals hatte ich keine Ahnung davon, dafür aber einen schönen Aphorismus von Oscar Wilde im Kopf, und den konnte ich mir in diesem Augenblick nicht verkneifen: «So etwas wie ein Omen gibt es nicht. Das Schicksal sendet uns keine Herolde. Dazu ist es zu weise oder zu grausam.»

«Soso», lächelte mich der Cello-Kollege freundlich an, «hat er das gesagt, der alte Spötter. Schade nur, dass er schon tausendfach widerlegt worden ist.» Und weil er sich wie die übrigen Orchestermusiker bereitmachen musste, seinen Platz auf der Bühne einzunehmen, beließ er es bei einem einzigen Namen, den er mir, schon im Weggehen, zuraunte: «Denken Sie an Kaiser Konstantin im alten Rom!»

Ich muss zugeben, dass ich in diesem Augenblick nichts mit seinem Hinweis anfangen konnte. Erstens hatte ich mich auf Max Bruchs Violinkonzert zu konzentrieren, und zweitens war ich in antiker Geschichte nicht gerade das, was man sattelfest nennt. Klar war mir nur, dass es nicht um das Annähen von Knöpfen gegangen sein konnte.

In der Pause hat mir der Cellist dann auf die Sprünge geholfen. Er meinte das berühmte «In hoc signo vinces», das strahlende Kreuz am Himmel als Vorzeichen von Konstantins Sieg in einer entscheidenden Schlacht. Aber welcher Musiker hat schon solche Visionen vor seinem Auftritt? Der alte Herr ließ sich nicht beirren. «Es gibt mehr Dinge zwischen Himmel und Erde, als sich unsere Schulweisheit träumen lässt», sagte er, das Wort von Shakespeare würde ich ja wohl kennen. Und wir modernen Menschen sollten nicht so tun, als hätten wir für alles eine Erklärung.

Nicht dass mich der Cellist zum Aberglauben bekehrt hat, aber so ganz sicher war ich nicht mehr, dass es sich bei allem, was da so an Übersinnlichem, Okkultem und Mystischem durch unser Leben geistert, tatsächlich nur um Humbug handelt. Kann es nicht am Ende sein, dass die Sache mit dem «Toi, toi, toi» doch ihre guten Gründe hat?

Wölfe mit Spucke

Ich begann mich für die Sache zu interessieren und vertiefte mich in alle möglichen Schriften über die eigenartigen Formeln, mit denen Glück gewünscht wird. Das heißt, nicht Glück, sondern immer genau das Gegenteil, und dies in aller Welt. In Frankreich hatte mir ein Mitstreiter auf dem Weg zur Bühne «Je vous dis merde» zugeraunt. Ich glaubte, nicht richtig gehört zu haben! Merde? Er wünschte mir Sch…?

Nicht viel besser erging es mir in Italien. «In bocca al lupo!», raunte mir jemand vor einem Konzert zu, und als ich ihn völlig verständnislos ansah, sagte er nur, ich müsse mit «Crepi il lupo!» antworten. Hinterher habe ich im Wörterbuch nachgeschlagen und begriffen, dass er mir das «Maul des Wolfes» an den Hals gewünscht hatte und ich daraufhin mit der Parole «Tod dem Wolf» zu reagieren hatte. Angeblich geht der Spruch auf die kapitolinische Wölfin zurück, von der Romulus und Remus gesäugt wurden, bevor sie Rom gegründet haben. Meine russischen Freunde erzählten mir, dass man zum Schulterklopfen gleich «Geh zum Teufel!» sagen müsse und sich niemals bedanken dürfe.

Verglichen mit Exkrementen, Raubtieren und Satan, kam mir das im deutschen Sprachraum übliche «Toi, toi, toi» sehr zivil und harmlos vor. Zwar wird es gelegentlich mit der ersten Silbe von Teufel in Verbindung gebracht, doch am häufigsten als Lautmalerei gedeutet. Imitiert wird demnach das Geräusch von dreimaligem Ausspucken, das nicht etwa verächtlich gemeint ist, sondern ganz im Gegenteil helfen soll, Unheil abzuwenden und das Glück zu fördern. Denn dem Speichel wurden in früheren Zeiten segensreiche Kräfte zugesprochen, und manche Bräuche zeigen, dass es heute noch genauso ist: Das erste selbstverdiente Geldstück wird bespuckt, damit die Einnahmen weiter sprudeln, der Würfel beim Glücksspiel, damit er die gewünschte Augenzahl liefert.

Wahlweise lässt sich das Spucken durch dreimaliges Klopfen auf Holz ersetzen, was besonders in England und auch in Russland verbreitet ist. Beides ist als Bekräftigung einer vorangehenden Beschwörungsformel zu verstehen. Auch sie hat, wen soll es wundern, mit dem Überirdischen zu tun.

Beinbruch gegen böse Geister

Man muss wissen beziehungsweise glauben, dass die Welt voller böser und zudem neidischer Geister steckt, denen nichts lieber ist, als uns Menschen das Leben schwerzumachen. Will man sie daran hindern, darf man sie nicht auf sich aufmerksam werden lassen und schon gar nicht dadurch anlocken oder rufen (früher sagte man «berufen»), dass man laut von Glück und Erfolg redet. Nicht einmal wünschen sollte man Glück, weil schon das die Dämonen hellhörig macht, es sei denn, man lässt sofort ein «Unberufen!» folgen. In diesem Fall wissen die Geister, dass sie wegbleiben sollen. Und will man ganz sichergehen, dass nichts Unliebsames passiert, lässt man das bekannte «Toi, toi, toi» folgen oder klopft mit den Fingerknöcheln auf das nächsterreichbare Holz.

Am besten, so die abergläubische Theorie, führt man die Dämonen dadurch in die Irre, dass man das Gegenteil von dem sagt, was man meint. Das funktioniert angeblich deshalb so leicht, weil die unliebsamen Gesellen nicht nur böse, sondern obendrein von sehr begrenzter Intelligenz sind. Wünscht man also einem Musiker vor dem Auftritt nicht Glück und Erfolg, sondern beispielsweise Hals- und Beinbruch, halten die Geister eigenes Eingreifen für überflüssig, weil ihnen Schlimmeres als eine Mehrfachfraktur für einen Geiger oder Dirigenten ohnehin nicht einfällt.

Wobei die Täuschung durch das Wort «Beinbruch» zu Shakespeares Theaterzeiten sogar noch eine Spur subtiler war: Üblicherweise warf das Publikum, wenn es mit der

Vorstellung zufrieden war, Trinkgelder auf die Bühne, und wenn sich die Schauspieler danach bückten, brachen sie sich zwar nicht die Beine, beugten sie aber, und je häufiger sie es tun konnten, desto höher war ihre Einnahme. Zum Glück ist diese Art der Abendgage passé.

Nicht passé dagegen ist die vom Aberglauben diktierte Sorge, dass einem irgendwelche tückischen Schicksalskräfte den nächsten Konzerterfolg oder vielleicht sogar die ganze Karriere durchkreuzen könnten. Der alte Cellist, mit dem ich damals noch lange beim Bier zusammensaß, kannte dieses angstvolle Gefühl und erzählte mir von dem sagenhaften Tyrannen Polykrates aus der Antike. Das heißt, um genau zu sein, er rezitierte das Gedicht, das Friedrich Schiller darüber geschrieben hat, alle sechzehn Strophen aus dem Stegreif, ohne ein einziges Mal zu stocken. Was ich ungeheuer bewunderte, nicht zuletzt, weil er sich von dem brodelnden Kneipenlärm nicht im Geringsten irritieren ließ.

«So waren die Götter damals», sagte er am Schluss, «sehr menschlich und sehr missgünstig. Sobald jemand auf der Erde zu viel Glück und Erfolg hatte, packte sie der Neid, und sie schickten ihm Unglück.»

Die Quintessenz gehört seitdem zu meinem festen Wortschatz:

«Des Lebens ungemischte Freude / ward keinem Irdischen zuteil.»

Genauso sei es, sagte der Cellist, man dürfe das Schicksal nicht über- und schon gar nicht herausfordern.

«Und wie vermeidet man das?», fragte ich ihn. «Etwa so, wie in Schillers Gedicht vorgeschlagen?»

Er wusste sofort, welche Zeilen ich meinte: «So flehe zu den Unsichtbaren, dass sie zum Glück den Schmerz verleihn!»

Einen Moment zögerte er.

Nein, das sei wohl selbst für abergläubische Musiker ein bisschen viel verlangt, räumte er ein. «Wer soll schon auf die Idee kommen, Misserfolge herbeizusehnen, nur damit es weiter aufwärtsgeht.»

Wieder machte er eine Pause.

Dann sah er mich an und sagte: «Aber ein bisschen Bescheidenheit ist nie verkehrt.»

Ein Unglück kommt selten allein

An dieses merkwürdige Gesetz habe ich lange nicht glauben wollen. Wer war denn dieser Edward A. Murphy jr., dass er einen solchen Lehrsatz verkündete? Als Flugzeugingenieur und Captain der US Air Force mag er so allerlei erlebt haben, aber deshalb musste seine Schlussfolgerung noch lange nicht stimmen.

«Alles, was schiefgehen kann, geht auch schief», lautet Murphys Gesetz in seiner populären Kurzversion. Mehr als ein flotter Aphorismus, sagte ich mir, ist das Ganze doch wohl nicht, zwar schön sarkastisch formuliert, aber am Ende nicht wirklich ernst zu nehmen. Nicht einmal Musiker können so pessimistisch sein, dass sie so etwas glauben, obwohl in der Musik nun wahrhaftig mehr als genug schiefgehen kann.

Mittlerweile bin ich nicht mehr so sicher. Möglicherweise hat dieser Captain Murphy mehr von unserer Lebenswirklichkeit begriffen als alle noch so klugen Philosophen. Wir lesen es doch täglich in der Zeitung: überall Pannen und Fehlleistungen; wohin man sieht, falsche Entscheidungen und Versäumnisse, in allen Bereichen, ob Politik, Wirtschaft, Sport oder Medien.

Der Musikbetrieb macht keine Ausnahme. Auch dort gibt es Pannen und Katastrophen wie am Fließband. Und immer nach dem Prinzip, das Murphy in seinem Gesetz beschrieben hat: Wenn es mehrere Möglichkeiten gibt, eine Aufgabe zu erledigen, wird irgendjemand immer genau die eine wählen, die zu unerwünschten Konsequenzen führt.

War es nicht genauso bei Orpheus gelaufen? Es gab mehrere Möglichkeiten für ihn, als er mit Eurydike hinter sich aus der Unterwelt wieder ans Tageslicht zurückkehrte. Er hätte nach vorn, nach oben oder unten, nach rechts oder links sehen können – aber er drehte sich um und sah nach hinten, mit der Folge, dass die Gattin endgültig verloren war.

Desaster in der Normandie

Dass in Murphys Gesetz am Ende doch mehr stecken könnte als nur ein Körnchen Wahrheit, ist mir vor einigen Jahren in einem Kammermusikkonzert im Norden Frankreichs aufgegangen. Meine Partner und ich hatten ein schönes Programm ausgesucht, unsere Stimmung war gut, und im Publikum saßen interessierte und kenntnisreiche Musikliebhaber, wie man uns erzählt hatte.

Es fing schon nicht gut an: In der Mozart-Bearbeitung einer Bach-Fuge für Streichtrio geriet der Cellist bereits im zweiten Takt ins Schwimmen, und unser Spiel begann daraufhin minutenlang bedenklich zu wackeln. Immer wieder versuchte ich, durch leise geflüsterte, bald nur noch verzweifelt gezischte Hinweise auf Taktzahlen Ordnung in unser Spiel zu bringen. Auch die Bratsche war jetzt dicht davor, den Anschluss zu verlieren. Und kaum waren wir wieder auf einer Linie, kam schon wieder einer raus. Dass wir es bis zum Ende geschafft haben, war ein kleines Wunder.

Aber es sollte noch schlimmer kommen. Mitten in einem Streichquintett von Mozart riss mir eine Saite. Das war an sich schon ein Riesenmalheur, aber in diesem Fall wuchs es sich zur Katastrophe aus. Die Saite war mit solcher Wucht zersprungen, dass sie mir ins Gesicht schnellte und das messerscharfe Metall meine Oberlippe aufschnitt. Im nächsten Moment sah ich aus wie ein Corpsstudent bei der Fechtmensur. Überall Blut, und es troff unablässig weiter von meiner Lippe herab.

Wir mussten das Konzert unterbrechen. Der Veranstalter trat vor das Publikum, bat um Entschuldigung, erzählte etwas von «violiniste gravement blessé» und kündigte an, es werde gleich weitergehen, während ich hinter der Bühne, in einer Art Flur, nach einem Waschbecken suchte, um mein blutverschmiertes Gesicht wenigstens notdürftig zu säubern.

Leider Fehlanzeige. Stattdessen traf ich auf einen Hund, der durch die offene Außentür hereinspaziert war und sich an unseren Instrumentenkoffern verewigt hatte. Den Geruch sind wir erst Tage später wieder losgeworden. Immerhin fand ich ein paar Papiertücher, die ich kräftig gegen meine schmerzende Schnittwunde drückte, um das Blut zu stillen. Dann ging ich zurück auf die Bühne, und wir fingen noch einmal neu an.

Und dann passierte etwas, was ich noch nie erlebt hatte. Meine Mitspieler begannen nach jedem Blick in meine Richtung zu glucksen und zu kichern, erst leise und heimlich, aber bald ganz unverhohlen. Schließlich konnten sie sich vor Lachen nicht mehr halten, und der ganze Saal lachte mit, laut und fröhlich.

Jetzt endlich erfuhr ich, dass ich der Grund zur Heiterkeit war: An meiner geplatzten Lippe war ein Stück blutgetränktes Papier kleben geblieben, in der Wirkung so ähnlich wie die Nudel in dem berühmten Sketch von Loriot.

Ludwig van Murphy

Damals in der Normandie hat sich Murphys Gesetz für mich bestätigt. Vielleicht war noch nicht alles schiefgegangen, was schiefgehen konnte, aber mir hat es gereicht. Umso mehr kann ich seither nachempfinden, wie sich Ludwig van Beethoven gefühlt haben muss, als er sein legendäres Konzert in Wien gab, zwei Tage vor Weihnachten 1808.

Der große Meister war damals drauf und dran, der Musikmetropole Wien den Rücken zu kehren und ein lukratives Angebot nach Kassel anzunehmen. Grund: Er fühlte sich schlecht behandelt, missverstanden und weit unter Wert bezahlt, bis heute das klassische Abwanderungsmotiv bedeutender Künstler. Bevor er allerdings endgültig die Koffer packen würde, wollte er es den Wienern noch einmal so

richtig zeigen. Sie sollten auf unvergessliche Weise zu spüren bekommen, was der Verlust eines Beethoven bedeutete, und zwar durch ein Konzert mit seinen neuesten Werken und mit ihm selbst in dreifacher Funktion, als Komponist, Dirigent und Solist am Klavier.

So bestechend die Idee, so problematisch ihre Realisierung. Es fing schon damit an, dass am selben Abend eine musikalische Konkurrenzveranstaltung stattfand und infolgedessen der Saal halb leer blieb. Nächstes Problem das Wetter: Draußen herrschte klirrender Frost, und drinnen war nicht geheizt. Die wenigen Besucher, die gekommen waren, überstanden die gut vier Stunden, die das Konzert dauerte, nur mit dicken Mänteln und wärmenden Decken.

Sieht man von diesen Widrigkeiten ab, war der Abend ein voller Erfolg. Bis zum Klavierkonzert. «Schon beim ersten Tutti», so die Schilderung von Augenzeugen, «vergaß Beethoven, dass er Solospieler war, sprang auf und fing an, in seiner speziellen Art zu dirigieren. Beim ersten Sforzando schleuderte er die Arme so weit auseinander, dass er beide Leuchter vom Klavierpult zu Boden warf. Das Publikum lachte, und Beethoven war so außer sich über diese Störung, dass er das Orchester aufhören und von neuem beginnen ließ.»

In diesem Stile ging es weiter. Die Leuchter wurden jetzt von zwei Chorknaben links und rechts von Beethoven gehalten, wobei sich an der Sforzando-Stelle das Gleiche wiederholte wie beim ersten Mal. Beethoven riss wieder die Arme auseinander und traf diesmal den einen Chorknaben mitten ins Gesicht, der vor Schreck den Leuchter fallen ließ, während sich der andere Knabe gerade noch rechtzeitig hatte ducken können. Wieder tosendes Gelächter, wodurch Beethoven dermaßen in Wut geriet, dass er bei den ersten Akkorden seines Solos mehrere Saiten zerschlug.

Damit war das Fiasko aber noch nicht komplett: In der Chorfantasie, dem letzten Stück des Programms, setzte an einer Stelle der Klarinettist falsch ein, sodass ein schlimmes Durcheinander im Orchester entstand. Dass der schon sehr schwerhörige Komponist dieses Chaos vermutlich mehr gesehen als gehört hat, änderte nichts an seinem Zornesausbruch: Laut und für jeden im Saal vernehmlich beschimpfte und beleidigte er die Musiker, ließ sie abbrechen und von vorn anfangen. Abermals brüllendes Gelächter und fröhliches Gejohle im Publikum.

Dass die Kritiken nach dem Konzert mäßig und die Kasseneinnahmen für Beethoven miserabel waren, rundet das Pannenspektakel ab. Alles, was schiefgehen konnte, war schiefgegangen. Murphy hätte seine helle Freude gehabt. Allenfalls in einer einzigen Beziehung gab es ein Happy End: Seine Abwanderungsgedanken gab Beethoven auf. Drei reiche Gönner hatten ihm eine lebenslange Rente ausgesetzt.

Zeichen und Tische

Kommt wirklich alles Gute von oben? Lässt es sich herabflehen, durch fromme Wünsche oder althergebrachte Beschwörungsformeln? Niemand kann es wissen.

Trotzdem hat sich die Menschheit noch nie von dem Versuch abhalten lassen, dem Schicksal wenigstens ein bisschen in die Karten zu sehen. Denn zu wissen, was auf einen zukommt, worauf man sich freuen darf und was man zu fürchten hat, kann nur von Vorteil sein. Denken jedenfalls viele, und dementsprechend lang ist die Kette von vermeintlich sicheren Methoden, den Schleier des großen Geheimnisses zu lüften, vom Orakel in Delphi bis zum Horoskop in der Tageszeitung von heute. Und immer wieder gab es Wahrsager und Wunderheiler, denen man übersinnliche Fähigkeiten zutraute, ob es die Vogelbeschauer im alten Rom waren, Wallensteins Astrologe Seni oder der unheimliche Rasputin am Zarenhof.

Dass man Musikern und besonders Komponisten generell eine besondere Anfälligkeit für alles Mystische und Übernatürliche zuschreiben muss, will ich nicht behaupten. Aber Beispiele in dieser Richtung hat es zweifellos gegeben, und es bleibt schwer zu entscheiden, ob es sich dabei immer auch um Grenzfälle geistiger Verwirrung gehandelt hat.

Denkt man an Robert Schumann und sein trauriges Ende in der Nervenheilanstalt, könnte man seine Begeisterung für das sogenannte Tischrücken für eine Art von Vorstadium geistiger Umnachtung halten. Doch die «somnambülen Tische» und ihre geheimnisvolle Wirkung, über die sich der Arzt und Dichter Justinus Kerner 1853 in einer vielbeachteten Schrift ausließ, waren damals groß in Mode. Wer Botschaften aus jenseitigen Welten empfangen wollte, setzte sich im Halbdunkel mit anderen an ein Tischchen, man legte die Hände auf die Platte, sodass sich die Spitzen der kleinen Finger aller Teilnehmer berührten, dann konzentrierte man sich und stellte Fragen, beispielsweise nach dem Datum, nach der Zahl der Bilder an der Wand oder auch nach den Tagen, die ein Schwerkranker noch zu leben hatte. Und wenn alles richtig lief, gab der Tisch durch Klopfzeichen Antwort.

Schumann betrieb das Tischrücken mit Hingabe, zumal wenn er sich nicht wohl fühlte, und «wurde davon», wie Gattin Clara berichtete, «ganz lustig und angenehm aufgeregt». Mochten andere seine intensive Beschäftigung mit dem Magisch-Okkulten auch belächeln, für ihn stand fest: «Die Tische wissen alles.» Er sei «ganz entzückt von der Wunderkraft» seines Tischchens gewesen, so Clara, und habe ihm zum Dank für gute Dienste sogar «ein neues Kleid (d. h. eine neue Decke) versprochen».

Spiritistische Kontakte

Auch Jelly d'Aranyi, eine Großnichte des mit Schumann befreundeten Violinvirtuosen Joseph Joachim und selbst Geigerin, war eine Freundin spiritistischer Praktiken. In einer ihrer Séancen will sie 1933 Kontakt zu Komponist und Großonkel geknüpft und von beiden den Auftrag erhalten haben, Schumanns lange verborgenes Violinkonzert endlich öffentlich aufzuführen.

Schumann hatte das Konzert für Joachim geschrieben und ihm freigestellt, alles zu streichen, was ihm unausführbar vorkomme. Aber der erst 22-jährige Geiger hielt so wenig von dem Werk, dass er es nicht spielen wollte und im Einvernehmen mit Clara Schumann und Johannes Brahms festlegte, es dürfe nicht vor dem 100. Todestag des Komponisten 1956 veröffentlicht werden. Es wurde dann allerdings doch schon 1937 uraufgeführt, und zwar in Deutschland: Die Machthaber des Dritten Reichs präsentierten es als «arische Alternative» zum verbotenen Mendelssohn-Konzert.

Als Neunjähriger hatte sich Joseph Joachim selbst einem Verdikt ausgesetzt gesehen: Sein Wiener Geigenlehrer Georg Hellmesberger sen. war drauf und dran, das ungarische Wunderkind nach kurzer Zeit wegen angeblich zu steifer Bogenführung als hoffnungslosen Fall wegzuschicken. Joachim kam einer solchen Fehlentscheidung jedoch zuvor und wechselte den Lehrer. Zum Glück für die Musikwelt, muss man sagen, denn womöglich wäre sonst einer der größten Geiger des 19. Jahrhunderts unentdeckt geblieben.

Verfolgt von Zahlen

Wir Heutigen mögen Schumanns Hang zum Okkulten belächeln, doch aus der Welt ist Tischrücken so wenig wie andere Formen der Zwiesprache mit dem Geisterreich. Man gewinnt sogar den Eindruck, als habe alles Überirdische in unseren Tagen Hochkonjunktur und gehöre das Metaphysische von Parapsychologie bis Krakenorakel längst zum modernen Lifestyle. Speziell die tiefere Bedeutung, die den Zahlen zugeschrieben wird, lässt viele nicht los. Und selbstverständlich sind auch Musiker nicht frei davon.

War nicht schon das Riesenwerk von Johann Sebastian Bach durchdrungen von Zahlensymbolik? Und sind wir nicht alle überzeugt davon, dass es Glückszahlen gibt und andere, die Unglück bedeuten?

Seit Urzeiten spielt die 13 eine Sonderrolle, als Inbegriff von numerologischem Ungemach. Sie ist das Schreckgespenst für alle Abergläubischen, und der Umstand, dass als erste Zahl bei der allerersten Lottoausspielung die 13 gezogen wurde, hat nichts an ihrem schlechten Image ändern können.

Kein Musiker wird freiwillig in einem Hotelzimmer mit der Nummer 13 absteigen oder im Flugzeug in Reihe 13 Platz nehmen – sofern Hoteliers oder Luftfahrtgesellschaften diese Ziffer nicht ohnehin aus dem Verkehr gezogen haben. Und wenn irgend möglich, nimmt man kein Engagement an, das an einem 13. stattfindet, schon gar nicht, wenn er auf einen Freitag fällt.

Zu denen, die von fast panischer Furcht vor der Zahl 13 gepeinigt wurden, gehörte Arnold Schönberg, und das, obwohl er am 13. September geboren wurde. Die Triskaidekaphobie, wie diese Angstgefühle mit dem Fachausdruck heißen, begleitete ihn sein Leben lang, bis ins hohe Alter.

Besonders schlimm wurde es nach seinem 76. Geburtstag: Ein Astrologe hatte ihm eingeredet, die Quersumme aus sieben und sechs bedeute wahrscheinlich nichts Gutes, könne ihm am Ende sogar gefährlich werden. Auf den Komponisten wirkte die Warnung wie ein Menetekel.

Dass sich sein Leben dem Ende näherte, wird er damals, im Sommer 1951, geahnt haben. Um seine Gesundheit stand es schlecht, er war schwer herzkrank und litt seit Jahren unter Asthma-Anfällen. Hinzu kamen ständige finanzielle Probleme, wie all die Jahre, die er nach der Flucht aus Nazi-Deutschland in seinem amerikanischen Exil verbracht hatte. Als Komponist hatte er bei seiner Kompromisslosigkeit gegenüber den Wünschen von Auftraggebern und Publikum nie viel verdienen können, über Wasser hielten ihn eine Lehrtätigkeit an der Universität von Los Angeles und Unterrichtsstunden, die er gab.

Immerhin hatte es gereicht, für sich und seine Familie ein kleines Haus in den Hollywood Hills zu mieten. Jeden 13. eines Monats erwartete er voller Unruhe – wann immer sich ein solches Datum näherte, fürchtete er, er werde es nicht überleben.

So war es auch am 13. Juli 1951. Kurz vor Mitternacht, als sich Schönberg schon zur Ruhe begeben hatte, lag seine Frau noch wach im Bett und sah auf die Uhr. «Nur noch fünfzehn Minuten», dachte sie, «dann ist der Tag überstanden.»

Doch dann erlitt ihr Mann wieder einen Asthma-Anfall und starb.

Leben und Sterben mit 23

Was für Arnold Schönberg die 13, war für seinen Schüler Alban Berg die 23. Seit er als junger Mann an einem 23. Juli zum ersten Mal einen schweren Asthma-Anfall erlitten hatte, betrachtete er diese Zahl als schicksalhaft.

Bei einer Fülle von Gelegenheiten notierte er Begegnungen mit der 23, hielt beispielsweise 1914 bei einem Aufenthalt in Prag fest, dass sein Hotelzimmer die Nummer 69 hatte, also dreimal 23, hob hervor, dass ihm Schönberg am 23. Juni 1918 das Du angeboten habe, und verzeichnete aufmerksam, dass sein Opus 5 an einem 23. aufgeführt wurde. Auch die Hausnummer der Wiener Kaserne, in der er sich 1915 zum Kriegsdienst melden musste, war ein Vielfaches der für ihn magischen Zahl, der zweite Teil seines Violinkonzerts hingegen hat 230 Takte.

Selbst als Berg im Dezember 1935 eine schwere Blutvergiftung erlitt, sollte die 23 seine Schicksalszahl bleiben. Am späten Abend des 23. Dezember lag er, bereits vom nahen Tod gezeichnet, im Krankenbett und erlangte nur noch für kurze Augenblicke das Bewusstsein. «Das wird ein entscheidender Tag», soll er in einem seiner letzten wachen Momente gesagt haben.

Die Angehörigen an seinem Bett, so heißt es, haben daraufhin die Uhr im Zimmer vorgestellt, sodass sie bereits zwanzig Minuten nach Mitternacht zeigte, als der Komponist zum letzten Mal erwachte.

«Alban», sagten sie, «der 23. ist vorbei, es ist schon Heiligabend.»

«Dann wird alles gut», flüsterte er. Wenig später war er tot.

Der damals vorgestellten Uhr ist zuzuschreiben, dass Bergs Todestag in den Nachschlagewerken bis heute mal mit dem 23. und mal mit dem 24. Dezember 1935 angegeben wird.

Auch der Pianist Glenn Gould litt unter Zahlenangst und war sicher, mit fünfzig zu sterben. Tatsächlich erlitt er 1982, zwei Tage nach seinem 50. Geburtstag, einen schweren Schlaganfall, dem er eine Woche später erlag.

Harmlos dagegen die Zahlen, die den Komponisten Max Bruch verfolgten – die negativen nämlich auf seinem Bankkonto. Nach dem triumphalen Erfolg seines 1. Violinkonzerts bei der Uraufführung 1868 in Bremen hätte er ein reicher Mann werden können, doch er hatte seinen «Hit», an dem er jahrelang gearbeitet und gefeilt hatte, für den lächerlichen Betrag von 250 Talern an einen Verleger verkauft – ohne Anrecht auf die später reichlich fließenden Tantiemen. Ein schlimmer Fehler, denn während der Verleger gutes Geld mit dem viel gespielten Konzert verdiente, ging der Komponist leer aus.

Von Schafen und Mäusen

Nicht alle musikalischen Katastrophen passieren auch tatsächlich. Einige begnügen sich, damit zu drohen, dass sie ausbrechen. Das Desaster am seidenen Faden, könnte man sagen. Es kündigt sich an, erscheint geradezu als unvermeidlich und tritt dann doch nicht ein. Entweder weil das Schicksal ein Einsehen hat oder weil die beteiligten Akteure im letzten Moment Geistesgegenwart beweisen und das Schlimmste verhüten.

Kaum auszudenken, was passiert wäre, wenn Rolf Liebermann, als er noch Intendant der Pariser Oper war, nur seinen Wunschträumen nachgegeben und nicht auf die Stimme der Vernunft gehört hätte. Womöglich hätte man das ehrwürdige Palais Garnier für eine komplette Spielzeit schließen müssen. Aber es wurde nicht nötig, eben weil der gebürtige Schweizer zu denen gehörte, die in kritischen Situationen kühlen Kopf bewahren und gegebenenfalls beizeiten die Notbremse ziehen, auch wenn es den Abschied von eigenen Vorstellungen bedeutet.

Folgendes war passiert: Im zweiten Jahr seiner Amtszeit wollte Liebermann 1974 Massenets «Don Quichotte» herausbringen, und weil er ein Mann der kühnen Ideen war und nur die Besten für sein Haus gewinnen wollte, fragte er den in Paris weilenden Salvador Dalí, ob er Lust habe, das Bühnenbild zu entwerfen. Dalí hatte Lust, und nicht nur das: Er sei bereit, die ganze Inszenierung zu übernehmen, eröffnete er dem Intendanten.

«Ich war überrascht und entzückt», hat Liebermann später erzählt. Sofort wollte er Nägel mit Köpfen machen, skizzierte den Probenplan bis zur Premiere und wollte Termine mit Dalí verabreden. Doch von solchen Details wollte der weltberühmte Maler nichts wissen. «Das alles brauche ich nicht», beschied er den Intendanten. «Besorgen Sie mir vierzig lebende Schafe, die ständig auf der Bühne bleiben. Und dazu natürlich die Rosinante und einen Esel. Die Inszenierung mache ich per Telefon.»

Erfahren, wie Liebermann im Tagesgeschäft der Oper war, erkannte er selbstverständlich sofort, wie singulär das Projekt sein würde, das sich hier anbahnte. Fernmündliche Regie mit lebenden Schafen, das hatte das Musiktheater noch nicht gesehen. Doch sosehr es ihn gereizt haben mag, dieses Experiment zu wagen, er widerstand der Versuchung.

«Es gibt Schlachten, die man besser gar nicht erst beginnt», sagte er sich – und verzichtete. Dalí kehrte zurück in sein Atelier, und Liebermann ersparte sich selbst und seinen Mitarbeitern die Erfahrung, wie katastrophal es in einem Opernhaus zu riechen beginnt, wenn tagelang vierzig Schafe auf der Bühne weiden.

Ein Reh für Rusalka

Überhaupt sind Tiere auf der Bühne ein heikles Thema. Auch in der Münchner Staatsoper hatte man damit zu tun, als im Herbst 2010 Dvořáks «Rusalka» inszeniert wurde und nach den Plänen des Regisseurs in jeder Vorstellung ein frisch erlegtes Reh enthäutet werden sollte. Zur Illustration der Hässlichkeit der Welt, so etwa der künstlerische Gedanke.

Die Münchner «Abendzeitung» griff die Sache auf und machte sich unter dem Motto «Bambi soll leben!» zum Anwalt der Kreatur – mit einem für das Opernhaus katastrophalen Echo in der Öffentlichkeit. Es hagelte Proteste von Tierfreunden, und es drohte ein Eklat. Bis sich im letzten Augenblick Regie und Intendanz zur Umkehr entschlossen und statt echter Rehe als Requisiten künstliche Nachbildungen einsetzten.

Es war übrigens nicht nur die Achtung vor den Mitgeschöpfen, die das Inszenierungsteam zum Einlenken brachte, sondern ähnlich wie im Fall der Pariser Schafe spielten auch olfaktorische Erwägungen eine Rolle: Der Geruch, den die toten Rehe verströmten, mag dem Regisseur gefallen haben, war dem Sängerensemble allerdings schon während der Proben höchst unangenehm aufgefallen.

Und wo man schon mal dabei war, die realen Waldbewohner außen vor zu lassen, verzichtete man gleichfalls auf veritable Fische in dem zum Bühnenbild gehörigen Aquarium. Da das Bassin im Zuge der Handlung Abend für Abend auszulaufen hatte, befürchteten die Techniker des

Hauses, die Fischkadaver könnten in der Hydraulik landen und dort alsbald zu verwesen beginnen.

Donkey-Serenade mit Klavier

Tiere also, so lehren die Beispiele, können trotz aller kreatürlichen Unschuld durchaus katastrophale Folgen heraufbeschwören, wenn sie allzu eng mit der Musik in Berührung kommen. Und dies beileibe nicht nur, wenn sie in großer Zahl auftreten. Schon ein Exemplar allein ist durchaus in der Lage, die künstlerische Atmosphäre eines Theaters oder Konzertsaals zu beeinträchtigen, besonders wenn es die Szene zum falschen Zeitpunkt betritt.

Daniel Barenboim hat so etwas in den ersten Jahren seiner Karriere erlebt, 1960 in einem Theater in Venezuelas Hauptstadt Caracas. Mitten in seinem Klavierabend erschien plötzlich ein Esel auf der Bühne. Wie aus dem Erdboden gewachsen stand er vor dem Flügel und schaute aus milden Eselsaugen unverwandt auf den Pianisten. Barenboim war, wie es sich gehört, ganz in die Musik vertieft, doch routiniert, wie er trotz seiner gerade achtzehn Jahre längst schon war, verlor er die Umgebung nie völlig aus dem Radar, schon gar nicht jetzt, wo ein hörbares Raunen durch das Publikum ging. Und als er für ein paar Sekunden aufsah, trafen sich seine Blicke mit denen des grauen Überraschungsgastes.

Selbstverständlich war er verblüfft und irritiert. Mit allem muss ein Musiker rechnen, doch kaum mit dem Besuch eines Esels bei Mozart oder Beethoven. Aber er spielte entschlossen weiter, während das Huftier ein paar Schritte in seine Richtung machte, wie um die Quelle der Klänge, die seine großen Ohren trafen, näher in Augenschein zu nehmen. Ruhig, bedächtig und mit, wie es schien, wachsender Neugier umrundete der Esel den Flügel, bis er sich schließlich derselben Stelle zuwandte, an der er hereingekommen war, und wieder verschwand. Unter dem befreienden Gelächter des Publikums.

Des Rätsels Lösung: In dem Theater lief die ganze Woche über ein Stück, in dem der Esel als Statist mitwirkte. Und weil dessen Betreuer nicht daran gedacht hatte, dass an diesem Abend spielfrei war und stattdessen Daniel Barenboim Klavierwerke zu Gehör brachte, schickte er den Vierbeiner wie sonst exakt zum üblichen Zeitpunkt hinaus auf die Bühne.

Ein Pianist mit weniger gut trainierten Nerven hätte womöglich in wilder Panik die Flucht ergriffen und seinen Auftritt vorzeitig für beendet erklärt. Nicht so Daniel Barenboim. Dank seiner Ruhe und Gelassenheit blieb die Esel-Serenade von Caracas ein folgenloses Zwischenspiel.

Zusätzlich genützt haben dürfte die seit Orpheus bekannte Tatsache, dass Tiere durchaus empfänglich sind für Musik und im Einzelfall sogar ihre Dienstleistungen für den Menschen erhöhen, wenn sie entsprechend beschallt werden. Immer wieder hört man beispielsweise von Milchkühen, deren Produktion deutlich zunimmt, wenn ihr Tageslauf von Mozart-Weisen oder anderen Tonschöpfungen begleitet wird.

Mäuse für die Freiheit

Es gibt freilich auch ganz andere Motive, wenn Tiere mit Musik in Verbindung gebracht werden. Von einem solchen Fall erzählte mir Boris Kuschnir, der aus Kiew stammende Geiger und heute in Österreich lebende Violin-Professor, dessen Schüler äußerst erfolgreich sind.

Im April 1975 gastierte er zusammen mit seinem Moskauer Streichquartett in Paris, hauptsächlich, um das dortige Publikum mit der neueren Kammermusik von Dmitri Schostakowitsch bekannt zu machen, den er seit langem gut kannte und dessen Leben vier Monate später enden sollte.

Mitgebracht an die Seine hatten er und seine drei Kollegen das fünf Jahre zuvor entstandene Streichquartett Nr. 13 des Komponisten, der wie durch ein Wunder alle Anfeindungen während der Stalin-Ära überstanden hatte und mittlerweile in der damals noch existierenden Sowjetunion wohlgelitten war, was man schon daran erkennen konnte, dass der Moskauer Kulturattaché zu dem Konzert erschienen war.

Die Musiker waren etwa in der Mitte des Werkes angelangt, als das Publikum an einer leisen Stelle plötzlich durch einen lauten Knall aufgeschreckt wurde. «Es klang so», erinnert sich Kuschnir, «als hätte jemand eine Pistole abgefeuert.» Unmittelbar danach sah er eine weiße Rauchwolke im Saal aufsteigen, und irgendjemand rief: «Freiheit für die russischen Juden!»

Die Weigerung des Kreml, ausreisewilligen Juden das Verlassen der Sowjetunion zu erlauben, sorgte damals immer wieder für Schlagzeilen, nicht zuletzt durch das unerschrockene Auftreten des Dissidenten Nathan Sharansky. Und nicht nur das: Wiederholt wurden russische Gastspiele in Paris zur Zielscheibe von Störaktionen, mit denen Sharansky-Anhänger auf die Nöte der russischen Juden aufmerksam machen wollten. Einer Ballett-Truppe aus Moskau hatten Unbekannte Reißzwecken auf die Bühne geworfen, sodass mehrere Tänzer empfindlich verletzt wurden, und der Geiger Vladimir Spivakov war mitten im Konzert von einem roten Farbbeutel getroffen worden.

Kuschnir kannte den Vorfall und wusste, dass Spivakov, obwohl ihm die rote Farbe über das Gesicht rann und auf seine Geige tropfte, tapfer bis zum Ende durchgehalten hatte. Das mag ihn ermutigt haben, ebenfalls Nervenstärke zu beweisen. Also spielte er weiter, und seine drei Mitstreiter taten es genauso, auch wenn sie im Ungewissen waren, was eigentlich passiert war. Hatte tatsächlich jemand geschossen, und wenn ja, wer war das Opfer? Außerdem hatten sie Angst, dass die nächsten Schüsse womöglich ihnen gelten würden.

Die Situation im Saal drohte zu eskalieren. Nicht nur, dass sich der weiße Qualm immer weiter ausbreitete und zahlreiche Besucher eiligst das Weite gesucht hatten, inzwischen war offensichtlich auch die zweite Stufe der Attacke gestartet: Aus zahlreichen Schachteln im Parkett wie auf der Bühne krochen Dutzende von weißen Mäusen. «Sie krabbelten überall», erzählt Kuschnir, «sogar auf meinen Schuhen haben sie gesessen. Aber wir haben immer weitergespielt.»

Sie spielten auch noch, als der sowjetische Kulturattaché und der im Publikum befindliche Michel Schwalbé, damals Konzertmeister der Berliner Philharmoniker, auf die Bühne hasteten, um sie gegen mögliche Angreifer zu verteidigen. Und sie spielten selbst dann noch, als ein Feuerwehrmann mit Fackel erschien, um die Mäuse zu vertreiben, und die geflohenen Zuhörer leise zurückkehrten und ihre Plätze wieder einnahmen.

Sie spielten bis zum letzten Takt, bis sie den verdienten Beifall entgegennehmen konnten. Das Konzert war gerettet, die Katastrophe vermieden worden.

Wieder zurück in der Heimat, wurden die Quartettmitglieder wie Helden gefeiert.

Taubenpost

Weit weniger dramatisch als Boris Kuschnirs Pariser Abenteuer mit weißen Mäusen verlief ein tierischer Zwischenfall in einem der imposantesten deutschen Musentempel, der 2001 eingeweihten Konzertkirche in Neubrandenburg.

Das Bauwerk aus dem 13. Jahrhundert, mehrfach in

seiner Geschichte ausgebrannt und am Ende des Zweiten Weltkriegs fast vollständig zerbombt, war nach der deutschen Wiedervereinigung in jahrelanger Arbeit wiederhergestellt worden, nicht allerdings als Gotteshaus, sondern als Konzertsaal von eindrucksvoller Schönheit und fabelhafter Akustik.

Schon vor Beendigung der Arbeiten, als noch Tauben in den Mauern nisteten und sich besonders gern oberhalb des Podiums aufhielten, fanden die ersten Musikveranstaltungen statt, unter anderem ein Konzert mit Chorwerken. Mochte der menschliche Gesang auf die gefiederten Bewohner auch fremdartig gewirkt haben, machten sie ihrem Ruf als Friedensboten doch alle Ehre und lauschten, ohne unliebsam zu stören.

Allerdings überkam sie bereits während der Proben wiederholt jenes gern als menschlich bezeichnete Bedürfnis, sodass die Textilien mehrerer Chormitglieder jäh unangenehm bekleckert wurden. Verständlicherweise ersuchten die Künstler für den eigentlichen Konzertabend dringend um Abhilfe und erreichten, dass zum Schutz vor herabfallenden Vogelexkrementen eine durchsichtige Folie über das Podium gespannt wurde. Die erhoffte Wirkung trat ein, die Konzertgarderobe der Mitwirkenden blieb makellos.

Der Verdauungsapparat der Tauben hatte jedoch auch unter der Einwirkung von Gesang nicht zu arbeiten aufgehört, was sich von Anfang bis Ende durch ein zwar nicht übermäßig lautes, aber doch irritierendes Geräusch bemerkbar machte. Mit einigem Recht ging die Veranstaltung als erstes «Plopp-Konzert» der Klassik in die Geschichte ein.

Premieren auf dem Pulverfass

So, wie es musikalische Katastrophen gibt, die durch Gelassenheit und Geistesgegenwart verhindert werden, gibt es den gegenteiligen Fall: die Katastrophen nämlich, auf die bewusst hingearbeitet wird, die nicht aus heiterem Himmel über die Musik hereinbrechen, sondern von bestimmten Kräften gewollt, zumindest billigend in Kauf genommen werden.

Die Gründe können sehr verschieden sein. Pure Lust am Desaster kommt als Motiv in Frage, ebenso wie übersteigerter Geltungsdrang wie beim legendären Brandstifter Herostrat im alten Griechenland, der den Artemis-Tempel in Ephesos in Flammen aufgehen ließ, nur um berühmt zu werden.

Oft spielen politische Gründe eine Rolle: Man will öffentliche Aufmerksamkeit für seine Ziele und braucht dazu ein weithin sichtbares Fanal, ein spektakuläres Ereignis, auf das sich alle Augen richten und das zum Ausgangspunkt großer Aktionen werden soll, zum Beispiel einer Revolution.

Ob solche Erwägungen maßgeblich für die Ereignisse im Brüsseler Opernhaus am 25. August 1830 waren, lässt sich nicht mit Bestimmtheit sagen. Möglich wäre es, denn was sich dort bei einer Aufführung von Aubers «Die Stumme von Portici» zutrug, kann nicht purer Zufall gewesen sein. Eher sieht es so aus, als habe da jemand zielstrebig nachgeholfen.

In Belgien herrschte damals eine hochexplosive Stimmung, in der Bevölkerung gärte es. Schuld war die Einverleibung Belgiens in die Niederlande, die fünfzehn Jahre zuvor auf dem Wiener Kongress beschlossen worden war und den Belgiern viele kaum erträgliche Nachteile beschert hatte. Helfen, so die allgemeine Überzeugung, konnte nur ein Aufstand.

Und nun kam Aubers Oper nach Brüssel, ein Musikdrama mit mitreißenden Melodien über den Freiheitskampf gegen einen Tyrannen! Es spielte zwar im 17. Jahrhundert und auch nicht im nördlichen Europa, sondern in Neapel, aber auf solche Feinheiten kam es nicht an. In die spannungsgeladene belgische Atmosphäre passte es allemal. Schon bei der Uraufführung zwei Jahre zuvor in Paris hatte Aubers Meisterwerk wie ein revolutionäres Wetterleuchten gewirkt.

Man wird annehmen dürfen, dass dieser Effekt den Wortführern der belgischen Umsturzbewegung wohlbekannt war. Nichts also lag näher für sie, als sich unter das Publikum zu mischen und in dem Augenblick, da auf der Bühne die neapolitanischen Fischer aufbegehren, den Volkszorn gegen den eigenen Unterdrücker anzuheizen.

Genau so geschah es: Kaum hatte der Tenor mit seiner Arie über die «heilige Liebe zum Vaterland» begonnen, gab es für die Zuschauer kein Halten mehr, der Funke hatte gezündet. Die Leute warteten das Ende nicht mehr ab, sondern stürmten ins Freie, ergriffen die Waffen und riefen die Revolution aus. Zwei Monate später war Belgien unabhängig.

Alarm für Tosca

Ähnlich aufgeheizt war die Atmosphäre siebzig Jahre später in Italien. Zwar musste das Land nicht mehr um seine Unabhängigkeit und Einheit kämpfen, beides war mit Opernkönig Verdi als Galionsfigur erreicht, doch wegen der riesigen wirtschaftlichen und sozialen Probleme brodelte es überall gewaltig. Demonstrationen, Streiks und Straßenkämpfe waren an der Tagesordnung, auf König Umberto wurden mehrere Attentate verübt, und die Parteien waren hoffnungslos zerstritten.

Aber es war nicht nur die allgemeine politische Unruhe, die den Premierenabend im Teatro Constanzi in Rom am 14. Januar 1900 überschattete. Auf der Uraufführung von Puccinis neuestem Werk lasteten auch die erbitterten Rivalitäten zwischen den verschiedenen italienischen Opernfraktionen.

Gerüchte hatten die Runde gemacht, wonach Puccini-Gegner vorhätten, die «Tosca»-Vorstellung mit allen Mitteln zu torpedieren und so den Komponisten vom Thron zu stürzen, auf dem er sich seit seinem Welterfolg mit «Manon Lescaut» fühlen durfte. Das mindeste, womit man rechnen musste, war ein gellendes Pfeifkonzert. Doch weil mehrere Mitwirkende Drohbriefe erhalten hatten, in denen ein Bombenanschlag angekündigt wurde, rechnete die Polizei auch mit Schlimmerem.

Es herrschte also höchste Sicherheitsstufe, zumal sich auch die Königin und Mitglieder der Regierung angesagt hatten. An den Eingängen gab es Leibesvisitationen, über die sich viele Besucher aufregten und die dazu führten, dass sich das Theater weit langsamer füllte als normalerweise.

Auch hinter den Kulissen war man hochgradig nervös, vor allem der Dirigent fühlte sich wie auf einem Pulverfass. Er hatte in Barcelona schon einmal eine Bombenexplosion im Theater miterleben müssen und ging mit zitternden Knien an seinen Platz im Orchestergraben. Für den Fall, dass tatsächlich ein Anschlag verübt werden sollte, hatte ihm ein Polizeioffizier eingeschärft, die Oper sofort zu unterbrechen und zur Beruhigung des Publikums die Nationalhymne spielen zu lassen.

Glücklicherweise kam es nicht so weit, doch ungestört blieb die Aufführung trotzdem nicht. Wegen der außergewöhnlichen Sicherheitsvorkehrungen hatten zahlreiche Besucher ihre Plätze nicht rechtzeitig einnehmen können und kämpften sich jetzt, als der erste Akt bereits lief, laut protestierend durch die Reihen, sodass man Sänger und Orchester kaum noch hören konnte. Rufe wie «Aufhören!» und «Vorhang runter!» waren die Antwort. Als der Tumult immer größer wurde, brach der von Angst gepeinigte Dirigent ab und flüchtete hinter die Bühne. Erst als er sich mühsam wieder gefasst hatte und auch im Saal Ruhe einkehrte, konnte die Premiere weitergehen.

Ob das Chaos von den Widersachern Puccinis inszeniert wurde oder das Werk politischer Kräfte war, denen es darauf ankam, die Spannungen im Land zu erhöhen, hat sich nie ganz klären lassen.

Doch wer immer die Urheber waren, fest steht, dass sie keine Hemmungen hatten, Sabotage an der Musik zu verüben, wenn es nur ihren Zwecken dienen würde.

Ein Floß erleidet Schiffbruch

An Sabotage konnte man auch 68 Jahre später in Hamburg glauben, als die Weltrevolution mit musikalischen Mitteln zwar nicht vollendet, aber zumindest ein kleines Stück vorangetrieben werden sollte. Es war die Zeit von Studentenbewegung und außerparlamentarischer Opposition, die nichts mehr im Sinn hatten mit dem neureichen deutschen Wohlstandsstaat, sondern Neues und anderes wollten. Was genau, blieb offen.

Der höchst erfolgreiche Komponist Hans Werner Henze, der «Vorzeige-Moderne der Musik-Schickeria», wie ihn Spötter nannten, fühlte sich als einer der Weltveränderer, auch wenn er längst im bürgerlichen Opernbetrieb etabliert war und nach Meinung mancher linker Musikstudenten keine revolutionäre, sondern im Gegenteil ausgesprochen reaktionäre Musik komponierte.

Dieses Urteil wollte Henze nicht auf sich sitzen und

schon gar nicht für sein neuestes Werk gelten lassen, das szenische Oratorium «Das Floß der Medusa». Am 9. Dezember 1968 sollte das Stück über den Überlebenskampf einer kleinen Gruppe von Schiffbrüchigen im frühen 19. Jahrhundert in einer Messehalle mit gut tausend Plätzen uraufgeführt werden, im Radio live übertragen vom NDR, der den Auftrag zur Komposition gegeben hatte.

Henze und sein Librettist Ernst Schnabel hatten ihr Werk dem gerade erschossenen Che Guevara und dem Befreiungskampf der Dritten Welt gewidmet, was im Programmheft wohlweislich unerwähnt blieb, dafür aber umso lauter von den eigens aus Berlin angereisten revolutionär gestimmten Studenten im Publikum bekanntgemacht wurde. Kurz vor Beginn von Konzert und Übertragung enterten sie das Podium, auf dem bereits alle Künstler versammelt waren, befestigten ein Guevara-Porträt am Dirigentenpult, entrollten ein revolutionäres Spruchband und hissten das rote Banner des Sozialismus. Gleich daneben hängte ein Trupp von Anarchisten eine schwarze Fahne.

Es war der Auftakt zum Chaos.

Erst riss ein Rundfunk-Mann das Plakat herunter, dann verlangten die aus dem damals noch geteilten Berlin eingeflogenen Chormitglieder, die rote Fahne müsse weg. Als Henze, der vorgesehene Dirigent des Abends, widersprach und mit revolutionärem Elan entschied: «Die rote Fahne bleibt!», verließen die Sänger die Bühne und kamen nicht wieder.

Konzert und Live-Sendung waren somit geplatzt.

Der Tumult im Saal ging jetzt aber erst richtig los. Es kam zu Rangeleien und Handgreiflichkeiten, die Polizei erschien mit Kampfhelm und Visier, Rufe «Faschisten raus!» und «Nieder mit den Roten!» hallten durch den Saal, mehrere Personen wurden festgenommen, darunter versehentlich Librettist Schnabel, der zuvor durch eine Glastür geworfen worden war.

Der Eklat war da, die Uraufführung ins Wasser gefallen, erst 1971 wurde sie in Wien nachgeholt. Im Radio lief am ursprünglich geplanten Premierentag die Aufnahme der Generalprobe.

Zwischen Knute und Knast

Die Panik der Beteiligten kann man sich auch nach über zweihundert Jahren noch gut vorstellen. Da steckten sie mitten in den Premierenvorbereitungen, waren überarbeitet und nervös – und nun plötzlich das! Zwei Wochen vor der geplanten Uraufführung im Theater an der Wien wurde Beethovens Oper von der Zensur verboten.

Natürlich eine Katastrophe!

Alle Mühen und Anstrengungen waren mit einem Schlag dahin, ganz zu schweigen von dem Kraftakt des Komponisten, der anderthalb Jahre um seinen Bühnen-Erstling gerungen hatte. Endlich hatte er es geschafft, «Fidelio» war vollendet. (Auf den Textbüchern, die im Foyer zum Verkauf angeboten werden sollten, stand zwar noch «Leonore», aber der Meister hatte sich im letzten Moment für den anderen Titel entschieden.) Diese Oper war etwas ganz Neues, nie Dagewesenes, so viel stand fest, die Welt würde staunen und abermals anerkennen müssen, dass es mit diesem Beethoven eben doch keiner aufnehmen kann.

Und nun das Verbot! Was um alles in der Welt hatte die zuständige Behörde, die k.u.k. Polizeihofstelle, dazu veranlasst? Man hatte die Handlung doch extra nach Spanien verlegt, damit sich in Österreich niemand angegriffen fühlen musste, schon gar nicht die Obrigkeit, auch wenn sie selbstverständlich gemeint war. Wer auch sonst? Die Willkürherrscher auf und davon zu jagen und «in freier Luft den Atem leicht zu heben», wie die politischen Gefangenen im zweiten Akt zu singen hatten – das konnte sich nur auf das erzreaktionäre System der Habsburger beziehen.

Wie sollte es jetzt weitergehen? Beethovens Librettist Sonnleithner versuchte es mit einer schriftlichen Eingabe, bot Änderungen im Text an und verschob, um die Zensoren zusätzlich zu beruhigen, das ganze Stück kurzerhand um zweihundert Jahre zurück. Bezüge zur Gegenwart, schrieb er treuherzig, könnten nun nicht mehr hergestellt werden. Bis auf den einen, möchte man hinzufügen, dass Spanien im 16. Jahrhundert von den Habsburgern beherrscht wurde, derselben Dynastie, die jetzt in Österreich regiert. Doch solche historischen Feinheiten fielen der «hochwohllöblichen Polizeihofstelle» anscheinend nicht weiter auf.

Unter der Auflage, dass «die gröbsten Szenen abgeändert würden», nahm sie das Verbot schon drei Tage nach Sonnleithners Einspruch zurück. Der 15. Oktober als Premierentermin war allerdings nicht mehr zu halten, dazu war die ganze Vorbereitungsmaschinerie schon zu sehr ins Stocken geraten. Und außerdem mussten die von der Zensur verlangten Korrekturen berücksichtigt werden.

Die Verschiebung auf den 20. November sollte für Beethoven fatale Folgen haben: Am 13. November marschierten Napoleons Truppen in Wien ein (man befand sich wieder einmal im Krieg), und bereits am 9. November waren Kaiser, Adel und wohlhabendes Bürgertum panikartig aus der

Stadt geflohen. Zurück blieben Angst vor den Besatzern und große Versorgungsschwierigkeiten, an Opernbesuche dachte kaum jemand.

Das Theater war denn auch halb leer, als «Fidelio» zum ersten Mal über die Bühne ging. Das gewohnte Beethoven-Publikum fehlte, stattdessen sah man in den Logen französische Offiziere, die sich tödlich langweilten, weil sie weder den deutschen Text verstanden noch der Musik etwas abgewinnen konnten. Die Uraufführung wurde ein Reinfall, und schon nach drei Vorstellungen wurde «Fidelio» vom Spielplan abgesetzt.

Nicht zu beweisen, aber doch wahrscheinlich ist, dass Beethoven auf Anhieb weit mehr Erfolg mit seiner Oper gehabt hätte, wenn die von der Zensur verschuldete Terminverschiebung ausgeblieben wäre. Aber mit solchen Unwägbarkeiten mussten die Künstler damals leben, Zensur war an der Tagesordnung, zwar nicht in Österreich allein, dort aber besonders rigoros und kleinkariert.

Opernstar in der Todeszelle

Angst vor dem aus Frankreich herüberwehenden Wind der Revolution und dem Bazillus «Liberté» hatten die Repräsentanten der alten Regime permanent. Mit oftmals grotesker, aber stets brutaler Gründlichkeit gingen Staatsmacht und Kirche gegen alles vor, was ihnen gefährlich werden konnte und die bestehende Ordnung in Frage stellte. Freiheit und Gleichheit, wie sie 1789 beim Sturm auf die Pariser Bastille proklamiert wurden und schon vorher in die amerikanische Verfassung geschrieben worden waren, galten anderswo nicht. Selbst ein so friedfertiger Künstler wie Franz Schubert, der nie als Umstürzler aufgefallen ist, geriet, wenn auch nur kurz, in den Verdacht, ein Revoluzzer zu sein. Weil er einen oppositionellen Studenten kannte, wurde er von der Geheimpolizei festgenommen, abgeführt und eine Nacht lang hochnotpeinlich verhört.

Prominenz konnte im Umgang mit der Staatsgewalt zwar helfen, war aber durchaus keine Garantie, unbehelligt zu bleiben, wie der Fall von Domenico Cimarosa zeigt. Der Italiener war einer der erfolgreichsten Opernkomponisten seiner Zeit, von manchem noch höher geschätzt als der sieben Jahre jüngere Mozart, wurde in ganz Europa vom Publikum bejubelt und von Kaisern und Königen hofiert. Russlands große Katharina holte ihn an ihren Hof, und Leopold von Österreich war von seiner Opera buffa «Die heimliche Ehe» so begeistert, dass er sie gleich zweimal an einem Abend aufführen ließ. Mochten Cimarosas Ruhm und Popularität noch so groß sein, sie bewahrten ihn nicht davor, 1799 in seiner Heimatstadt Neapel aus politischen Gründen verhaftet und im Schnellverfahren zum Tode verurteilt zu werden.

Mit der falschen Seite sympathisiert zu haben, das war der Vorwurf, der gegen ihn und viele andere erhoben wurde. Für die Revolution gewesen zu sein und gegen die alten verknöcherten Verhältnisse, für die Republik und gegen die Monarchie, für das Neue und gegen das Alte. Diese Alternative hatte sich nur für kurze Zeit gestellt, in den noch nicht einmal fünf Monaten nämlich, in denen das spanisch regierte Königreich Neapel von der revolutionären Armee der Franzosen besetzt wurde und sich in die «Parthenopeische Republik» verwandelte.

Was am 23. Januar 1799 gewaltsam begonnen hatte, wurde am 13. Juni desselben Jahres gewaltsam beendet. Die Franzosen zogen ab, und der geflüchtete Bourbonenkönig kam zurück, um gründlich Rache zu nehmen. Wer auf Seiten der Republik gestanden hatte, kam ins Gefängnis und wenig später an den Galgen. Hunderten von Intellektuellen und Künstlern erging es so, und auch Cimarosa musste lange in seiner Zelle zittern, nachdem ein Gericht nach kurzem Prozess die Todesstrafe gegen ihn verhängt hatte. Nur weil er in ganz Europa überaus einflussreiche Fürsprecher hatte, entging er der Hinrichtung und wurde zu lebenslanger Verbannung «begnadigt».

Als er Neapel kurz vor seinem fünfzigsten Geburtstag in Richtung Venedig verließ, war er ein kranker Mann, die Zeit im Gefängnis war nicht spurlos an ihm vorübergegangen. Im Gegenteil hatte sie ihm offenbar so schwer zugesetzt, dass er schon gut ein Jahr später starb.

Mit Zensur und Steckbrief

Das Recht von Künstlern, sich frei von Willkür und Drangsalierung entfalten und ungehindert arbeiten zu können, blieb zwar auf der politischen Tagesordnung, aber es sollte noch lange dauern, bis es zumindest in der Mehrzahl der Länder verwirklicht wurde. In manchen Teilen der Erde warten Schriftsteller, Theaterleute, Maler und Musiker bekanntlich bis heute darauf. Einschüchterung, Gängelung und Zensur, wenn nicht Schlimmeres, gehören dort heute noch genauso zur täglichen Praxis wie in weiten Teilen Europas im 19. Jahrhundert.

Auch Carl Maria von Weber hatte noch ein Lied davon singen können, als er 1821 seinen «Freischütz» fünf Monate nach der triumphalen Uraufführung in Berlin auch in Wien zeigen wollte. Bevor Polizeiminister Sedlnitzky sein Einverständnis gab, musste ein langer Katalog von Bedingungen erfüllt werden: Weil Pulverdampf und Pyrotechnik auf der Bühne verboten waren, mussten statt Gewehren Armbrüste verwendet und die nachts gegossenen Freikugeln durch Freibolzen ersetzt werden. Gestrichen wurden ferner der finstere Samiel und der fromme Eremit: Der eine war als «Antichrist» der katholischen Kirche nicht zuzumuten, der andere der Staatsmacht wegen seiner Einmischung in weltliche Angelegenheiten suspekt. Dass die Aufführung trotzdem stattfand und vom Wiener Publikum auch noch gefeiert wurde, musste wie ein Wunder wirken.

Eine Generation später waren Ungeduld mit den herrschenden Verhältnissen und Entschlossenheit, sich dagegen aufzulehnen, schon nicht mehr zu bremsen. Webers großer Verehrer Richard Wagner war einer von den Künstlern, die während der revolutionären Ereignisse 1848/49 auf die Barrikaden stiegen und offen gegen die Unterdrücker rebellierten.

Er war damals 36 Jahre alt, längst ein erfolgreicher und weithin bekannter Komponist, hatte schon fünf Opern geschrieben und war in Dresden zum Hofkapellmeister auf Lebenszeit ernannt worden. Trotzdem, ein Revolutionär war er geblieben, so wie schon in seiner Leipziger Studentenzeit. Und als in Dresden die Bürger auf die Straße gingen und das Ende der reaktionären Ordnung forderten, gehörte er zu den Wortführern.

Als der Aufstand zusammenbrach und Wagner fliehen musste, wurde er von der Polizei steckbrieflich gesucht, als Aufrührer und «politisch gefährliches Individuum». Gefasst und verhaftet wurde er, wie die Wagnerianer in aller Welt bis heute dankbar verzeichnen, allerdings nicht. Stattdessen erreichte er wohlbehalten die Schweiz, und schon ein Jahr später meldete er sich musikalisch in der Heimat zurück, zwar nicht in Dresden oder Leipzig, wohl aber in Weimar, wo sein Freund Liszt den «Lohengrin» aus der Taufe hob.

Sicherheitshalber blieb Wagner der Uraufführung fern und verfolgte die Resonanz auf sein jüngstes Werk im sicheren Schweizer Exil. Die Schergen der sächsischen Polizei brauchte er nicht mehr zu fürchten, und auf die Anhänger seiner Musik wartete in den Folgejahren die Krönung seines Opernschaffens. Doch vergessen ist nicht, dass «Tristan», «Meistersinger», «Ring»-Tetralogie und «Parsifal» womöglich nie entstanden wären, wenn ein übereifriger Polizist den flüchtigen Komponisten damals irgendwo aufgegriffen und, wie es in solchen Fällen immer wieder passiert, von der Schusswaffe Gebrauch gemacht hätte.

Arrest für den Unsterblichen

Dass Musiker zum Opfer oder zumindest zum Spielball der Mächtigen werden, ist immer wieder vorgekommen. Schon der alte Bach hatte solche Erfahrungen machen müssen, in einem Lebensabschnitt, als er noch der junge Bach von gerade 32 Jahren war und in Weimar das Amt des Konzertmeisters und Hoforganisten versah.

Weil er ehrgeizig war und an sein Fortkommen dachte, strebte er ins benachbarte Köthen, wo er als Musiker weit bessere Möglichkeiten hatte und obendrein sehnlich erwartet wurde. Doch sein Arbeitgeber in Weimar, Herzog Wilhelm Ernst, dachte gar nicht daran, ihn ziehen zu lassen. Und als Bach partout nicht aufhören wollte, um Entbindung von seinen Pflichten zu bitten, wurde er kurzerhand für vier Wochen in Arrest genommen.

Damit war es ihm immer noch besser ergangen als einem in Weimar beschäftigten Waldhornisten namens Adam Andreas Reichardt. Der hatte sich beruflich ebenfalls verändern wollen und dafür Stockschläge kassiert. Als er die Stadt heimlich verließ, wurde er für vogelfrei erklärt.

Mozart für den Tyrannen

Noch größeren Bedrohungen sah sich so mancher Komponist des 20. Jahrhunderts ausgesetzt, der Epoche blutrünstiger Diktatoren wie Hitler und Stalin. Viele wurden nicht nur reglementiert und in ihrer künstlerischen Entwicklung drastisch behindert, sondern aus purer Willkür eingesperrt und sogar umgebracht. Ein Leben in ständiger Todesangst war für sie der quälende Normalfall.

Einer von ihnen war der Russe Dmitri Schostakowitsch, heute einer der unangefochtenen Großen der Musikszene, über lange Strecken seines Weges aber Zielscheibe von Drangsalierung, Maßregelung und Bedrohung. Trotz der offiziellen Funktionen, die er in der einstigen Sowjetunion innehatte, musste er ständig fürchten, Stalins tödlicher Säuberungsmaschinerie zum Opfer zu fallen, und befand sich, solange der Diktator lebte, stets auf einer tückischen Gratwanderung zwischen Kreativität und Anpassung.

Um die vielfältigen Attacken von Partei- und Staatsführung zu überstehen, brauchte Schostakowitsch immer wieder mutige Freunde und Fürsprecher, so wie die Pianistin Maria Judina, die zwar im Westen nie besonders bekannt wurde, aber in der damaligen Sowjetunion als eine der bedeutendsten Vertreterinnen der traditionellen «russischen Klavierschule» großes Ansehen genoss. Besonders Stalin hielt große Stücke auf sie und soll geduldet haben, dass sie in persönlichen Gesprächen unerschrocken ihre Meinung sagte und Künstlerkollegen, die gerade in Ungnade gefallen waren, entschieden verteidigte. Angeblich ließ er sich sogar gefallen, dass sie ihm versprach, für ihn zu beten, damit ihm seine vielen Sünden verziehen würden.

Als Stalin 1953 starb, soll auf seinem Nachttisch eine Schallplatte mit Mozarts A-Dur-Klavierkonzert KV 488 gelegen haben, gespielt von Maria Judina. Um ihre Entstehung rankt sich eine Geschichte, wie sie nur in Diktaturen möglich ist:

Der Tyrann, so heißt es, habe eines Abends die Pianistin mit jenem Mozart-Konzert im Radio gehört und am Tag darauf angeordnet, der Sender solle ihm umgehend die Platte schicken. Das Problem nur war, dass es sich um eine Live-Übertragung gehandelt hatte und gar keine Plattenaufnahme existierte.

Die Verantwortlichen der Radiostation befiel, wie nicht anders zu erwarten, größte Panik. Weil Wünsche des Diktators Gesetz waren und selbstverständlich vollständig und ohne Umschweife, koste es, was es wolle, erfüllt werden mussten, wurden in höchster Eile sowohl die Pianistin Judina als auch ein Sinfonieorchester samt Dirigent aus dem Bett geklingelt, in das Aufnahmestudio des Senders beordert und beauftragt, das Mozart-Konzert unverzüglich einzuspielen.

Spät in der Nacht begann die Produktion, doch der Dirigent hielt der Aufregung und dem enormen Druck nicht stand und brach schon im ersten Satz zusammen. Auch der herbeigerufene Ersatzmann erwies sich als ein einziges Nervenbündel und musste aufgeben. Erst der dritte Dirigent schaffte es. Als der Morgen graute, war alles unter Dach und Fach, die Platte konnte gepresst und im Kreml abgeliefert werden. Stalin soll sehr zufrieden gewesen sein.

Mord und Madrigale

Ein düsteres Kapitel, doch glücklicherweise kurz, denn die Fälle von Kapitalverbrechen, ob verübt oder erlitten, bilden die seltene Ausnahme im Katastrophenverzeichnis der Musikszene. Den vermeintlich spektakulärsten Fall haben die Fachleute ohnehin nie ernst genommen, dass nämlich Mozart von seinem Gegenspieler Salieri ermordet worden sein könnte. So hartnäckig diese Theorie auch kolportiert wurde, so wenig ließ sie sich erhärten.

Von einem italienischen Kollegen Mozarts weiß man dagegen ziemlich sicher, dass er einem Mord zum Opfer fiel: Alessandro Stradella. Auch Ort und Zeit der Gewalttat werden in den Annalen genannt, Genua am 25. Februar 1682.

Der beliebte und erfolgreiche Musiker stand kurz vor seinem 38. Geburtstag, als er in der Hafenstadt erschlagen wurde. Die Täter kennt man nicht, doch gilt als sicher, dass es sich um Auftragskiller gehandelt hat. So wie fünf Jahre zuvor in Turin, als schon einmal, allerdings vergeblich, versucht worden war, Stradella ins Jenseits zu befördern.

Ausgehen muss man in beiden Fällen von einem Racheakt betrogener Liebhaber, denn Stradella war nicht nur ein hervorragender Sänger und produktiver Komponist, sondern auch ein hyperaktiver Frauenfreund. Die Zahl seiner amourösen Abenteuer muss beträchtlich gewesen sein, und meistens endeten sie damit, dass er sich Hals über Kopf zum Ortswechsel entschloss, um dem Zorn von ausgebooteten Konkurrenten zu entgehen.

Besonders hartnäckig verfolgt wurde er von einem venezianischen Adligen, dessen schöne Mätresse beim Gesangsunterricht Stradellas Charme erlegen war und mit ihm nach Turin durchbrannte. Der Edelmann schickte zwei Schläger hinterher, die den Komponisten überfielen und halb totprügelten.

Schon wenige Monate nach dieser Attacke verlegte Stradella sein Wirkungsfeld nach Genua, wo er fleißig komponierte und eine Vielzahl neuer Affären hatte. Zum Verhängnis wurde ihm schließlich die Liaison mit der Geliebten eines Genueser Prominenten, der absolut keinen Spaß verstand und dem flotten Musikus einen gedungenen Mörder auf den Hals hetzte.

Gut anderthalb Jahrhunderte später gab es dann allerdings trotz dieser Katastrophe doch noch ein Happy End für Stradella, wenn auch nur im Theater: Nachdem schon mehrere Opern über den alten Meister aus Italien erschienen waren, präsentierte Friedrich von Flotow 1844 in Hamburg seine Stradella-Version, eine unbeschwerte Musikkomödie, in der am Schluss das Gute siegt: Stradella singt eine zu Herzen gehende Marien-Hymne, und die gedungenen Mörder lassen ergriffen ihre Dolche sinken und bitten samt Auftraggeber um Vergebung für ihre finsteren Pläne.

Der Fürst als Killer

Auch Musiker sind nur Menschen, und dass sie gelegentlich über die Stränge schlagen, kann niemanden wirklich überraschen. Frauengeschichten, Alkohol, Glücksspiel, Drogen und was es sonst an kleinen und großen Lastern gibt, alles kommt bei ihnen vor, wenn sicher auch nicht häufiger als bei Leuten, die nichts mit Musik zu tun haben. Seltener aber wohl auch nicht.

Im Fall von Carlo Gesualdo liegen die Dinge völlig anders, und man darf vermuten, dass längst nicht alle, die verzückt seinen fast vierhundert Jahre alten wundervollen Madrigalen lauschen, davon wissen. Der Mann, man muss es leider so hart sagen, war ein Schwerkrimineller, hatte zwei Morde auf dem Gewissen, wurde allerdings nie zur Rechenschaft gezogen.

Die Erklärung dafür, dass er straffrei ausging, ist ebenso einfach wie aus heutiger Sicht empörend: Gesualdo war im Hauptberuf regierender Fürst, «Principe di Venosa», wie es offiziell hieß, reicher Herrscher über die schon seit den Zeiten des alten Roms existierende Stadt im Süden Italiens und die umliegenden Ländereien. In so einer Stellung konnte man sich im 16. Jahrhundert leicht der irdischen Strafverfolgung entziehen.

Die fürstlichen Amtsgeschäfte hatte er mit Anfang zwanzig von seinem älteren Bruder übernehmen müssen, der überraschend und ohne einen Thronerben zu hinterlassen, gestorben war. Gefallen hat es Gesualdo nicht, lieber wäre ihm gewesen, er hätte wie früher sorglos in den Tag hinein leben und sich ganz der Musik widmen können, für die er genial begabt war.

Aber er musste sich fügen, so wie er sich bald auch vom Familienrat zur Hochzeit mit seiner Cousine Maria drängen ließ, um den Fortbestand der Dynastie zu sichern. Maria soll bildschön gewesen sein, war sechs Jahre älter als er und schon zweifache Witwe. Anfangs war es eine glückliche Ehe, doch schon bald nach der Geburt eines Sohnes scheinen Marias Gefühle für ihren Mann erkaltet zu sein.

Sie fing eine Affäre mit einem Herzog an und machte daraus, wie die Chronisten berichten, kaum ein Geheimnis. Gesualdo hatte jedenfalls keine Mühe, das Pärchen eines Nachts in flagranti zu erwischen. Anschließend waren beide tot. Nach dem Bericht des Untersuchungsrichters über die Bluttat von 1590 hat Gesualdo seine Frau eigenhändig umgebracht, ihren Liebhaber dagegen von seinen Dienern ermorden lassen. Der Fall war geklärt, die Akten wurden geschlossen.

Für jeden nicht-adligen Komponisten wäre es das Ende der Karriere gewesen, für den Fürsten Don Carlo war es ein neuer Anfang, privat wie beruflich, soweit das bei einem Renaissance-Fürsten überhaupt voneinander zu trennen war. Erster Schritt war eine neue Ehe: Ein Onkel von ihm, seines Zeichens Kardinal, arrangierte für ihn die Vermählung mit einer jungen Frau aus bestem Hause, mit Leonora d'Este, der Cousine des Herzogs von Ferrara, der kulturellen Metropole im Norden Italiens.

Nicht nur die Hochzeit fand dort statt, das Paar blieb fürs Erste auch in Ferrara wohnen, für Gesualdo ein Glücksfall. Denn die Stadt in der Poebene hatte sich zu einem blühenden Musikzentrum entwickelt, die besten Komponisten und Madrigalisten waren dort versammelt, und jeden Tag gab es Aufführungen und Konzerte. Die inspirierende Atmosphäre und die vielen Eindrücke und Anregungen wirkten Wunder und setzten künstlerische Kräfte in ihm frei, die bis dahin geschlummert hatten. Die schönen Madrigale, die in Ferrara entstanden, zeigen, welches Genie in Gesualdo steckte, und erklären, weshalb die Nachwelt trotz seiner kriminellen Vergangenheit bis heute fasziniert von ihm ist.

Zu den Bewunderern und Wiederentdeckern von Gesualdos Kunst gehörte neben Alfred Schnittke, der eine 1995 uraufgeführte Oper über ihn schrieb, auch Igor Strawinsky. Er macht sich 1956 nach Neapel auf, um den Ort zu sehen, an dem der Fürst seine letzten Lebensjahre verbracht hatte, komponierend und begleitet von Schuldgefühlen und manischen Ängsten um sein Seelenheil.

Das einst hochherrschaftliche Schloss, so hat Strawinsky später erzählt, befand sich in einem erbärmlichen Zustand, und die ahnungslosen Leute, die dort mit ihren Hühnern und Ziegen hausten, mussten sich erst von ihm über die finstere Geschichte des früheren Hausherrn aufklären lassen.

«Eine Folge meiner Versuche, dies zu tun, war, dass ich bald (woran mein dürftiges Italienisch schuld war) das Ziel äußerst beunruhigter Blicke wurde, da das Publikum die Komponisten verwechselt hatte und fälschlicherweise *mich* für den Mörder *meiner* ersten Frau hielt.»

Feuer, Wasser und viel Asche

Mit Geige und Klavier gegen die Naturgewalten: nicht dass ich gleich an einen «act of God» gedacht hätte, wie die Engländer Ereignisse von höherer Gewalt nennen. Aber mich überkam wachsende Panik, als der stürmische Wind immer heftiger an dem großen Zelt zerrte und das Klappern des Gestänges immer lauter wurde. Was, wenn die Planen der nächsten Böe nicht widerstehen und davonfliegen würden? Und dies ausgerechnet in dem Moment, wo wir Mendelssohns Hexenlied spielten.

Um es vorwegzunehmen: Das Zelt im Schlosspark von Ulrichshusen, in dem mein Klavierpartner Sebastian Knauer und ich für die Gäste der Festspiele Mecklenburg-Vorpommern 2010 spielten, hat gehalten, trotz meiner bösen Ahnungen. Möglich, dass ich an diesem Nachmittag übertrieben ängstlich war, aber die Vorstellung, das Musikzelt mit seinen schätzungsweise dreihundert Besuchern könnte dem Gewittersturm nicht standhalten, machte mich mit jedem Takt, den wir spielten, nervöser und lenkte mich derart ab, dass ich ernsthaft fürchtete, nicht bis zum Ende durchzuhalten.

Überhaupt, die Natur und die Musik: Völlig spannungsfrei scheint die Beziehung nicht zu sein. Zwar heißt es, die Natur mit ihren vielfältigen Tönen und Klängen habe den Menschen überhaupt erst auf die Idee gebracht, eigene Musik zu erfinden, doch nicht gerade selten hat man das Gefühl, dass sie von Eifersucht geplagt wird. Zumindest lässt sie ziemlich häufig ihre Elemente von der Kette und kommt der menschlichen Musik in die Quere. Wer zu den Freunden musikalischer Freiluftveranstaltungen gehört, wird es aus eigener Erfahrung bestätigen.

Sooft Konzerte oder Opernaufführungen unter freiem Himmel stattfinden, sind sie dem Zugriff der Natur zwar nicht völlig ungeschützt, aber am Ende doch hilflos ausgesetzt, oft mit weit gravierenderen Konsequenzen als wir damals bei unserem Duo-Spiel im Zelt von Ulrichshusen. Nicht gemeint sind die harmlosen Störungen, etwa wenn auf der Bregenzer Seebühne Tosca oder Aida unversehens mit Enten und Blesshühnern im Duett singen müssen oder beim Konzert im Rathaushof einer Großstadt zarte Adagio-Klänge von der Sirene einer Ambulanz überlagert werden. Derlei Beeinträchtigungen werden als unvermeidliche Begleiterscheinung vom Publikum wie von den Ausführenden im Allgemeinen klaglos hingenommen.

Schlimmer schon, wenn entgegen allen Hoffnungen oder gar Prognosen pünktlich zum Veranstaltungsbeginn Regen einsetzt, das Publikum unter Plastikponchos kriecht und die kostbare Inszenierung über kurz oder lang unter Wasser steht. Den geplagten Veranstaltern bleibt dann nur noch die Hoffnung, den Abbruch so lange hinauszögern zu können, dass die Eintrittsgelder nicht zurückgezahlt werden müssen.

Mir ist eine Open-Air-Erfahrung in Dresden in Erinnerung: Die schwarzen Gewitterwolken, die aufzogen, während ich Beethovens Kreutzer-Sonate spielte, verhießen nichts Gutes, und es konnte sich nur noch um wenige Augenblicke handeln, bis der große Platzregen einsetzen würde. Auch mein Partner am Klavier blickte immer häufiger angstvoll zum Himmel, und ohne dass wir uns groß verabreden mussten, wurden wir im Presto-Finale immer schneller, legten schließlich ein Tempo vor, als sei ein Rudel Wölfe hinter uns her. Kaum waren wir fertig, goss es in Strömen.

In einer Kritik hieß es: «Geiger hält Wolkenbruch auf.»

Ein Sturm macht Musikgeschichte

Dass die Naturgewalten andererseits auch inspirierend wirken können, soll darüber nicht vergessen werden. Zu den prominentesten Beispielen zählt der Höllenorkan, den Richard Wagner 1839 im Skagerrak auf einem maroden Segelschiff erlebte, das ihn samt Gattin nach London und damit in Sicherheit vor seinen Gläubigern bringen sollte. So große Ängste der alles andere als seefeste Sachse auch auszustehen hatte, die rhythmischen Rufe und Kommandos der Besatzung behielt er in Erinnerung und verarbeitete sie später in seinem «Fliegenden Holländer». Hier also erwiesen sich die entfesselten Elemente als durchaus produktiv, indem sie einen wichtigen Beitrag zur Fortentwicklung des

Musiktheaters lieferten, wenn auch um den Preis einer Beinahe-Katastrophe für den Komponisten.

Präsident als Talisman

Auch der große Caruso ist dem Wüten der Natur nur knapp entronnen. Als er im Frühjahr 1906 mit dem Ensemble der New Yorker Metropolitan Opera auf Amerika-Tournee ging und am 17. April in San Francisco mit «Carmen» gastierte, setzte dort wenige Stunden nach der Vorstellung jenes gewaltige Erdbeben ein, das nahezu die ganze Stadt in Schutt und Asche versinken ließ. «San Francisco ist nicht mehr», schrieb der Schriftsteller Jack London damals als Augenzeuge.

Unsanft von den gewaltigen Erschütterungen geweckt, sprang Caruso aus dem Bett und stellte sich unter den Türrahmen seines schwankenden Hotelzimmers, weil er sich dort vor herabfallenden Mauern sicher glaubte. Für eine knappe Minute, so hat er später erzählt, blieb er dort stehen, «während mein ganzes Leben an mir vorüberzog und ich mich an triviale und unwichtige Dinge erinnerte». Dann rief Caruso seinen Diener, der dem Startenor seelenruhig empfahl, sich umgehend anzukleiden und ins Freie zu gehen. Im Opernhaus gleich nebenan krachte derweil der riesige Kronleuchter von der Decke, bevor das gesamte Gebäude ebenso einstürzte wie 30 000 andere Häuser der Stadt.

Das Einzige, was Caruso aus dem Hotel mitnahm, war ein großes handsigniertes Porträtfoto von Theodore Roosevelt. Der Präsident hatte es ihm als Zeichen seiner Verehrung zu Beginn der Tournee in Washington geschenkt, und Caruso hütete es nach Aussagen seiner Freunde wie einen Schatz.

Man könnte auch sagen, wie einen Talisman. Denn tatsächlich hat ihm das Bild schon am folgenden Tag wertvolle Dienste geleistet. Als er mit Verspätung im Hafen eintraf, um das Schiff zu besteigen, auf dem sein Sängerkollege Antonio Scotti für beide Plätze gebucht hatte, wollte man ihn nicht an Bord lassen. Erst als er heftig gestikulierend das Roosevelt-Foto mit der persönlichen Widmung schwenkte, durfte er einsteigen. Man denke: ein Präsident als Glücksbringer.

Ein Vulkan mag keine Oper

Wie so oft, wenn die Natur zuschlägt, tat sie es auch im Frühjahr 1906 gleich zweimal: Wenige Tage vor dem Erdbeben in San Francisco wurde Carusos Heimatstadt Neapel von einem gewaltigen Ausbruch des Vesuvs in Angst und Schrecken versetzt. Und auch diese Katastrophe hatte unmittelbare Folgen für die Musik.

Im Teatro San Carlo liefen gerade die letzten Vorbereitungen für die Uraufführung einer Oper: «Tess» von Frédéric d'Erlanger nach einem Roman von Thomas Hardy. Die

Musikgeschichte ist zwar lange über sie hinweggegangen, und in fast keinem Opernführer wird sie heute noch erwähnt, doch davon konnte und wollte der britisch-französische Komponist damals natürlich noch nichts wissen.

Wochenlang hatte er die Proben im Theater begleitet und wartete gespannt auf den Premierenabend.

Als es endlich so weit war und sich der Vorhang hob, passierte es dann: Gleich im ersten Akt wurde das Haus von einer gewaltigen Eruption des Vulkans erschüttert. Die Uraufführung wurde abgebrochen. Auch aus den geplanten weiteren Vorstellungen wurde nichts, denn mit Blick auf den Feuer und Lava speienden Vesuv wurde das Theater vorsichtshalber fürs Erste geschlossen.

Trotz seiner Enttäuschung bewahrte der Komponist Haltung. In echt britischem Understatement kommentierte er das Debakel gegenüber seinem Textdichter mit den Worten: «Der Vesuv war nicht sehr freundlich zu unserer Oper.»

Alles Asche mit Brahms

Weit weniger gelassen reagierten über hundert Jahre später Millionen von Menschen auf die Aktivitäten eines anderen Vulkans, der sich im Gegensatz zum Vesuv lange Zeit ruhig verhalten und von dem man außerhalb seiner engsten Umgebung nie Notiz genommen hatte, geschweige denn, dass jemand in der Lage war, seinen Namen richtig auszusprechen. Im April 2010 allerdings war dieser bislang unbekannte Eyjafjallajökull auf Island globales Tagesgespräch.

Auch in Istanbul, wo ich gerade das Brahms-Violinkonzert gespielt hatte und beim Frühstück im Hotel erste Fernsehberichte über die von Island nahende Aschewolke verfolgte. Noch allerdings war von Sperrung der Lufträume und Startverboten für Verkehrsmaschinen nicht die Rede, sodass ich nicht den geringsten Grund hatte, mir wegen der Weiterreise nach Stuttgart Sorgen zu machen. Ich freute mich auf die Konzerte dort, Brahms mit Roger Norrington und dem SWR-Radiosinfonieorchester.

Am Flugplatz dann der erste Schock: in der Abfertigungshalle ein unvorstellbares Menschengewühl, Tausende drängten sich gestikulierend und schreiend vor den Schaltern, versuchten sich bis ganz nach vorn durchzukämpfen, um ihre Flüge umzubuchen, während auf den Anzeigetafeln hinter immer mehr Zielorten der Hinweis «Cancelled» erschien. Auch mein Flug war bereits gestrichen. Die Asche aus dem isländischen Gletschervulkan begann zu wirken.

Noch blieb ich ruhig. Wenn man oft genug fliegt, entwickelt man eine gewisse Routine im Krisenmanagement, lässt sich nicht so schnell in Panik versetzen und findet am Ende auch in schwierigen Situationen irgendeine passable Lösung. Hier allerdings, das sollte ich schon bald merken, ging es nicht mehr um bloße Schwierigkeiten, hier herrschte Katastrophenzustand. Und für mich bahnte sich die persönliche Katastrophe gleich mit an.

Denn zum Schlimmsten, was einem Musiker passieren kann, gehört das Zuspätkommen. Schon unpünktliches

Erscheinen zur Probe ist ein Fauxpas, der einem lange nachgetragen werden kann. Aber als Solist nicht rechtzeitig zum Konzert zu kommen, ist der pure Albtraum.

Doch so weit war es zum Glück noch nicht. Ich entdeckte eine Maschine der «Turkish Airlines» nach Wien auf dem Abflugplan, und Wien war noch nicht wegen Vulkanasche geschlossen. Wie durch ein Wunder erwischte ich den letzten freien Platz, und als ich an Bord war und das Flugzeug Richtung Startbahn rollte, konnte ich mir ein verstohlenes «Na also, geht doch» nicht verkneifen. Bis dann aus dem Cockpit die Meldung kam: «Luftraum über Wien gesperrt. Wir kehren um.»

Aussteigen und Rückkehr der Passagiere in den Terminal, so wie schon vorher bei anderen Maschinen. Und um das allgemeine Chaos noch ein bisschen zu vergrößern, wurde das erst verstaute und dann wieder entladene Gepäck nicht mehr nach Flügen sortiert, sondern wahllos zu einem einzigen großen Haufen in der Abflughalle aufgeschichtet. Verzweifelte Szenen auch hier, weinende, kreischende und pöbelnde Menschen, die vergeblich nach ihren Koffern suchten.

Im Lauf der nächsten Stunden saß ich noch viermal in einem Flugzeug, immer in der Hoffnung, in irgendeine andere Stadt zu kommen, von der aus sich Stuttgart rechtzeitig zu meinen Konzertterminen erreichen ließe. Jedes Mal wurde nichts daraus.

Weit über acht Stunden waren inzwischen vergangen, und allmählich wurde die Lage kritisch.

Mich überkam das gleiche Gefühl von Hilflosigkeit, wenn nicht Ohnmacht, das in diesen Tagen Millionen andere befiel: Ein Vulkanausbruch hatte genügt, den Globus praktisch lahmzulegen. Gleichgültig, wer man war und wohin man wollte, man saß irgendwo fest und musste sich damit abfinden, dass alle noch so sorgfältige Planung und jede noch so ausgeklügelte Logistik über den Haufen geworfen wurde. Es traf alle gleich – von der Bundeskanzlerin bis zum Mallorca-Urlauber mussten sich die Gestrandeten damit abfinden, dass die gewohnte Mobilität von einem Moment auf den anderen nicht mehr funktionierte. Und natürlich gehörte auch der Musikbetrieb zu den Opfern dieser bislang einmaligen Katastrophe. Zahllose Veranstaltungen fielen ins Wasser, weil die Mitwirkenden nicht rechtzeitig ans Ziel kamen.

Ich befand mich noch immer im hektischen Gewühl des Istanbuler Flughafens und wollte mich nicht geschlagen geben. Aber was tun? Es so machen wie Schauspielerfreund Klaus Maria Brandauer? Er hatte genau wie ich in Istanbul zu tun gehabt, und wir waren uns zufällig über den Weg gelaufen. Jetzt saß er in einem Taxi Richtung Wien. So ähnlich wie der deutsche Verteidigungsminister Karl Theodor zu Guttenberg, von dem jemand gehört hatte, er würde sich in einem Kleinbus über Bulgarien und Rumänien nach Berlin durchzuschlagen versuchen.

Mir kam eine andere Idee. Vor ein paar Monaten hatte ich einen Piloten kennengelernt, der kleine Privatmaschinen flog. «Rufen Sie mich an, wenn etwas ist!», hatte er gesagt und mir seine Karte gegeben. Jetzt war etwas. Und obwohl mir klar war, dass es mich ein kleines Vermögen kosten würde, bat ich ihn um Hilfe, die Konzerte in Stuttgart waren es mir wert.

Immerhin verteilte sich der Preis auf acht Personen, denn so viele waren wir inzwischen, mit meiner Mutter, die mich an den Bosporus begleitet hatte, sowie dem Dirigenten meines Istanbuler Konzerts und seiner Familie. Zagreb hatte der Pilot als Ziel genannt, alle anderen Flughäfen seien bereits oder würden in allernächster Zukunft geschlossen. Gegen Mitternacht würde er mit einem kleinen Jet aus der Ukraine in Istanbul landen und uns an Bord nehmen, allerdings nicht auf dem Atatürk-Flughafen, sondern auf dem kleineren Airport im Osten der Stadt. Dass wir die gut einstündige Taxifahrt quer durch das nächtliche Istanbul heil überstanden, gehört zu den besonderen Denkwürdigkeiten der Reise.

Nach glattem Flug landeten wir gegen drei Uhr morgens in der kroatischen Hauptstadt, ein paar Minuten bevor auch dieser Flughafen wegen der isländischen Aschewolke gesperrt wurde. Ohne uns eine Verschnaufpause zu gönnen, kletterten wir in einen Kleinbus, das einzig verfügbare Mietauto, und nahmen Kurs auf Wien.

Mittlerweile war ich zwar schon weit über 24 Stunden auf den Beinen, aber noch längst nicht in Stuttgart, wo man, wie ich von meinem Agenten erfuhr, sicherheitshalber schon mal einen Ersatz für mich gebucht hatte. Mit der Eisenbahn ab Wien hätte ich es vielleicht gerade noch schaffen können, doch diese Möglichkeit scheiterte bereits im Ansatz. In sämtlichen Wiener Bahnhöfen herrschte ein derart chaotischer Andrang, dass ich nicht einmal in die Nähe eines Fahrkartenschalters kam. «Gehen Sie nach Hause!», brüllte mich ein Mann mit Mütze an. «Alle Züge sind überfüllt! Billetts gibt es nicht vor heute Abend!»

Die allerletzte Chance, mit dem Auto eines Verwandten von Wien nach Stuttgart zu fahren, blieb Theorie, ich hätte keine zwanzig Kilometer mehr zurücklegen können, ohne am Steuer einzuschlafen. Ich gab auf und konnte nichts anderes mehr tun, als die Konzerte in Stuttgart schweren Herzens abzusagen. Den langgehegten Wunsch, unter Norringtons Leitung Brahms zu spielen, musste ich fürs Erste begraben.

Doch bei aller Enttäuschung hatte meine Odyssee vom Bosporus nach Wien auch ein Gutes. Zum ersten Mal nämlich fühlte ich mich in der Lage, ein Detail aus Mozarts Leben, das ich bis dahin nie recht ernst genommen hatte, richtig einzuschätzen: Von den knapp 36 Jahren, die ihm vergönnt waren, hat Mozart gut zehn auf Reisen verbracht, war kreuz und quer durch Europa unterwegs und hatte als einziges Verkehrsmittel schlecht gefederte Postkutschen zur Verfügung. Hut ab vor dieser Riesenleistung! Und soweit ich weiß, ist er nie zu spät gekommen und hat kein einziges Konzert aus Termingründen abgesagt.

Flammendes Inferno

Der Eyjafjallajökull hat sich zwar nur durch seine Asche in Erinnerung gehalten, doch selbstverständlich hat er wie alle Vulkane vor dem Ascheregen kräftig Feuer gespuckt und glühende Lava aus seinem Krater geschleudert.

Es sind die riesigen Flammen, die da aus dem Innern der Erde heraufzüngeln, die den Anblick eines ausbrechenden Vulkans zu einem so schaurig-schönen Schauspiel machen, unheimlich und majestätisch zugleich. Wie überhaupt loderndes Feuer, vom Freuden- bis zum Fegefeuer, seit jeher besondere Faszination auf die Menschen ausübt, auch und gerade auf die Maler, Dichter und Komponisten. Einerseits die «wohltätige Himmelskraft», wie Schiller gedichtet hat, andererseits die zerstörerische Furie, die in Blitzesschnelle alles frisst, was ihr im Weg steht.

Zu denen, die Feuersbrunst und Flammenhölle traditionell besonders fürchten, gehören neben den Seefahrern die Theaterleute, speziell die in der Oper. Verständlich wird das beim Blick auf die lange Liste von Brandkatastrophen, denen im 19. Jahrhundert große europäische Opernhäuser zum Opfer fielen. Die alte «Opéra» in Paris traf es ebenso wie die «Lindenoper» in Berlin, das «Bolschoi» in Moskau wurde ein Raub der Flammen wie «Covent Garden» in London und der erste «Semper-Bau» in Dresden.

Doch selbst, wenn Kerzenlicht und Gasbeleuchtung als Feuerquellen längst der Operngeschichte angehören, sind Brände in großen Musiktheatern bis in die jüngste Vergangenheit zu verzeichnen. So stand 1994 in Barcelona das Gran Teatro del Liceo in Flammen, und man brauchte fünf Jahre, bis in dem Haus wieder Opern aufgeführt werden konnten. Zwei Jahre später brannte in Venedig das Teatro La Fenice ab, das 1836 schon einmal einem Großbrand zum Opfer gefallen war. Damals wurde es in kürzester Zeit wiederaufgebaut, nach der neuerlichen Zerstörung dauerte es acht Jahre, bis der Spielbetrieb wieder lief. Und als 2004 unter

Riccardo Mutis Leitung Verdis «La Traviata» in der venezianischen Uraufführungsversion von 1853 über die Bühne von La Fenice ging, wurde allen bewusst, wie gut der Name zu dem Theater passt: Denn so, wie der mythologische «Phönix» (italienisch: fenice) alle paar Jahrhunderte verbrannte und danach aus seiner eigenen Asche auferstand, war auch das Haus in Venedig nach dem verheerenden Feuer in alter Pracht zu neuem Leben erwacht.

Die schlimmste Brandkatastrophe in einem Opernhaus blieb jene 1881 in Wien, wenige Monate nachdem in Prag das gerade erst eröffnete Nationaltheater ein Raub der Flammen geworden war. Während in Prag keine Menschen zu Schaden kamen, forderte das Wiener Unglück über vierhundert Tote.

Im Ringtheater sollte am Abend des 8. Dezember 1881 die zweite Vorstellung von «Hoffmanns Erzählungen» stattfinden, und das Haus war wie am Vortag ausverkauft. Jacques Offenbachs «Drame fantastique», zehn Monate zuvor in Paris mit grandiosem Erfolg uraufgeführt, war ein Kassenmagnet und hatte in Wien auffällig viele jüngere Leute angelockt.

Die Besucher hatten bereits ihre Plätze eingenommen, als das Unheil seinen rasend schnellen Lauf nahm. Hinter der Bühne hatte es eine Panne beim Anzünden der Gaslampen gegeben, die damals als Nonplusultra der Beleuchtungstechnik galten und überall statt der früher üblichen Kerzen oder Öllampen in den großen Häusern installiert worden waren. Als der elektrisch-pneumatische Zündvorgang beim ersten Mal nicht funktioniert hatte und wiederholt wurde, war bereits so viel Gas ausgeströmt, dass es eine Explosion gab und der Bühnenraum wenige Augenblicke später lichterloh brannte.

Da kein eiserner Vorhang existierte, konnten sich die Flammen ungehindert in den Zuschauerraum ausbreiten, in dem sofort heillose Panik entstand. Verschlimmert wurde sie dadurch, dass der verantwortliche Inspektor nach Ausbruch des Feuers die gesamte Beleuchtung abschaltete und die Notbeleuchtung mit Öllampen ihren Dienst versagte. Dunkelheit und Rauchentwicklung wurden für fast die Hälfte aller Zuschauer zur tödlichen Falle. Hinzu kam, dass sich die Türen nur nach innen öffnen ließen und vor ihnen viele zu Tode gequetscht wurden. Als die viel zu spät alarmierte Feuerwehr eintraf, gab es kaum noch etwas zu retten. Auch fast das gesamte Orchester fiel dem Brand zum Opfer.

Das verheerende Unglück löste überall in Europa Entsetzen und Trauer aus. Unbeeindruckt zeigte sich nur Richard Wagner, der mit den Todesopfern keinerlei Mitleid zu haben schien, weder mit Zuschauern noch mit seinen Musikerkollegen. Er verglich die Tragödie in dem Wiener Opernhaus mit einem Bergwerksunglück und kam zu einem Ergebnis, das vielen, die davon hörten, noch einen zusätzlichen Schauder einjagte: «Wenn in einer Kohlengrube Arbeiter verschüttet werden, da ergreift und empört es mich, da kommt mir das Entsetzen an über eine Gesellschaft, die sich auf solchem Wege Heizung verschafft», ließ er wissen. «Wenn aber so und so viele aus dieser Gesellschaft umkommen, während sie einer Offenbachschen Operette beiwohnen, worin sich auch nicht ein einziger Zug von moralischer Größe zeigt –, das lässt mich gleichgültig, das berührt mich kaum.»

Musik im Bombenhagel

Brennende Opernhäuser, Theater und Konzerthallen sollten im folgenden Jahrhundert noch ungleich häufiger Angst und Schrecken verbreiten und Musikern in ganz Europa Albträume bescheren. Dirigenten, Orchestermitglieder, Solisten und Sänger, die den Zweiten Weltkrieg miterlebten, wurden Zeugen, wie nicht nur ganze Städte in Schutt und Asche sanken, sondern auch die Musik unter Bomben und Beschuss Opfer der Apokalypse wurde.

Auf Jüngere wirken die Erzählungen von damals wie Botschaften aus einer fernen, unwirklichen Welt, etwa wenn sie hören, dass in der Kölner Oper Donizettis «Regimentstochter» unter Leitung von Günter Wand wegen Luftalarms unterbrochen wurde, Künstler und Besucher gemeinsam die Schutzkeller aufsuchten und die Vorstellung nach der Entwarnung fortgesetzt wurde.

Oder wenn Karl Böhm in seiner Autobiographie berichtet, wie er an einem Wintertag 1944 in Berlin ein philharmonisches Konzert leitete, das nach Zerstörung der Alten Philharmonie in einem Kino stattfand, vormittags, weil nachmittags häufig Luftangriffe stattfanden: «Die Philharmoniker saßen in Mänteln und Hüten da; es war kalt, höchstens null Grad. Ich dirigierte eine Haydn-Sinfonie, für die ich sonst immer nur sehr sparsame Gebärden nehme. Bei dieser Aufführung bewegte ich mich mehr als bei meiner Morgengymnastik, nur um warm zu werden. Als alles nichts half, zog ich mich in der Pause um und dirigierte die Siebte von Beethoven mit langen Unterhosen, zwei Pullovern und größtmöglichen Bewegungen, kam aber trotzdem nicht ins Schwitzen.»

Die Bomben auf Berlin und Köln und viele andere Städte waren die Antwort auf die zuvor verübten deutschen Luftangriffe. Augenzeugin der deutschen Bombardements auf London im Sommer 1940 war die aus Deutschland stammende Berta Geissmar, persönliche Mitarbeiterin von Sir Thomas Beecham, dem Gründer des Royal Philharmonic Orchestra. Die promovierte Musikwissenschaftlerin hatte ihre Tätigkeit als Sekretärin von Wilhelm Furtwängler in Berlin wegen ihrer jüdischen Abstammung aufgeben und emigrieren müssen.

«Mit den zunehmenden Luftangriffen», so schrieb sie nach dem Krieg in ihren Erinnerungen, «hörte man während der Promenadenkonzerte von Henry Wood in der Queen's Hall des Öfteren Sirenen und andere Töne, die mit Musik nichts zu tun hatten. Trotzdem war der Andrang zu den Proms größer denn je. Mit den längeren Nächten kamen die ‹Alerts› immer früher und ertönten gewöhnlich bereits in der Mitte des Konzerts. Aber die Zuhörer blieben da, und es wurde weitergespielt.»

Allerdings nicht mehr lange. Im Jahr darauf wurden die Angriffe immer heftiger, und das Londoner Musikleben, das trotz aller Gefahren nicht aufgehört hatte, erhielt den härtesten Schlag, der es treffen konnte: «Am Samstag, dem 10. Mai 1941, war in der Queen's Hall ‹Dream of Gerontius› von Elgar aufgeführt worden. Am folgenden Morgen sollte eine Probe für das Sonntagnachmittagskonzert stattfinden, und daher befanden sich die meisten Instrumente im Saal. Als das Orchester am Sonntagmorgen ankam, lag die

Queen's Hall in Trümmern. Weiße Rauchwolken strömten aus den Ruinen, Feuerschläuche hingen wie Riesenschlangen aus den Fensterhöhlen, und überall rieselte Wasser herab. Die verkohlten Überreste wertvoller Instrumente wurden ans Tageslicht befördert, eine traurige Bergungsarbeit. Als ich auf dem Schauplatz der Zerstörung ankam, stand dort Charles Taylor, seit vielen Jahren Manager von Queen's Hall. Obwohl er tief getroffen war, ließ er sich als echter Brite nichts anmerken. Er sagte nur: ‹Es sieht ein bisschen unordentlich aus, nicht wahr?›»

Bach mit Gasmaske

Ziemlich genau fünfzig Jahre nach dem Bombenangriff auf Londons Queen's Hall war wieder Krieg, und wieder erlebten Musiker, dass sie nicht verschont blieben. Diesmal war es ein mit Waffengewalt ausgetragener Konflikt im Nahen Osten, der erste Golfkrieg, ausgelöst durch den irakischen Angriff auf Kuwait.

In Israel wuchs damals die Angst, in den Krieg hineingezogen zu werden, als Zielscheibe irakischer Giftgasangriffe. Für den amerikanischen Geiger Isaac Stern war es als Jude keine Frage, dass er in dieser kritischen Situation Solidarität beweisen und die israelische Bevölkerung mit den Mitteln, die ihm zu Gebote standen, unterstützen musste. Zwar waren alle öffentlichen Veranstaltungen wegen der drohenden Scud-Raketen zunächst untersagt worden, doch als das Verbot gelockert wurde und kleinere Versammlungen wieder erlaubt waren, machte er sich sofort auf den Weg und gab an verschiedenen Orten Konzerte. Einen letzten Auftritt plante er, zusammen mit Zubin Mehta und dem Israel Philharmonic Orchestra, für den 23. Februar 1991 in Jerusalem.

«Mitten in einem Violinkonzert von Mozart», so erzählte er in seinen Memoiren, «ließ Zubin die Hände sinken und sagte zu mir: ‹Es gibt ein Problem.› Ein Mann kam auf die Bühne und meldete einen bevorstehenden Luftalarm. Zwar sei der Saal gegen eindringendes Gas geschützt, gleichwohl möge jedermann die Gasmaske überziehen und die Ruhe bewahren.

Ich wusste, dass zwischen der ersten Warnung und dem Augenblick, wo die Rakete einschlug, zwischen vier und sieben Minuten vergingen. Alles wartete auf den Einschlag. Ich spürte die aufkommende Nervosität. Dieses unbestimmte Warten darauf, dass etwas geschah, war ein komisches Gefühl. Die Unruhe im Publikum wuchs – man spürte das angstvolle Geraschel und die Beunruhigung des ganzen Saales.

Die Violine zu nehmen und etwas zu spielen schien für mich in diesem Moment das Nächstliegende zu sein. Ich ging ohne Gasmaske auf die Bühne, machte ein paar beruhigende Gesten, sagte: ‹Hört zu›, und fing an, die Sarabande aus Bachs d-Moll-Partita zu spielen.

Alles wurde ruhig. Es war gespenstisch und vollkommen bizarr, das Publikum in Gasmasken dasitzen zu sehen und zu spüren, wie die Leute unter der Wirkung der Musik allmählich ruhig wurden, während alle auf das Rumsen des Raketeneinschlags warteten. Zwar wussten wir, dass die Iraker ihre Raketen nicht gezielt auf Jerusalem mit den muslimischen heiligen Stätten und den Arabern in der Stadt abschossen, aber wir wussten auch, wie ungenau diese Raketen waren und dass sie sehr oft weit vom beabsichtigten Ziel herunterkamen.

Es war einer der beklemmendsten Augenblicke meines Lebens. Aber ich spielte trotzdem immer weiter. Während ich noch spielte, war eine weit entfernte Explosion zu hören. Später erfuhren wir, dass die Rakete ungefähr auf halber Strecke zwischen dem Ben-Gurion-Flughafen und unserem Saal eingeschlagen war.

Als ich geendet hatte und von der Bühne ging, war ich vollkommen erledigt, wie Zubin und die Musiker des Orchesters auch. Dann gab das Militär Entwarnung, weil kein Giftgas festgestellt worden war, und wir gingen wieder auf die Bühne, um das Konzert fortzusetzen», schließt der Bericht von Isaac Stern.

Feuerwasser, Koks und Kekse

«Katzenjammervoll!» So kurz und knapp pflegte Robert Schumann den Zustand zu beschreiben, den er in jungen Jahren beinahe täglich erlebte. Abends Kneipe mit reichlich Bier und vielen Zigarren, am nächsten Morgen Katerstimmung. Aber das war noch nicht alles. «Wenn ich betrunken bin oder mich erbrochen habe, so war am andren Tag die Phantasie schwebender und erhobener.»

Im Herbst 2010 gingen Meldungen von einer «Drogenparty bei Stargeiger» durch die Presse. Die Rede war von Nigel Kennedy. Und Keith Richards, der Gitarrist der Rolling Stones, veröffentlichte seine Memoiren und bekannte: «Mit Heroin kann man den Bullshit der Show-Business-Welt besser ertragen.»

Die Art von Drogen variiert, das Problem ist geblieben. Schon immer waren Mittel im Umlauf, denen neben berauschender Wirkung die Steigerung der Kreativität zugeschrieben wurde und denen hilfreiche Effekte gegen Lampenfieber und Versagensängste nachgesagt werden. Musiker waren nie die Einzigen, die sie ausprobiert und in einzelnen Fällen häufig und manchmal sogar ständig angewendet haben, bis zur Sucht und mit bisweilen fatalen

Folgen. Doch zweifellos sind sie mehr als andere in Gefahr, von Aufputschmitteln aller Art abhängig zu werden.

Die Auswahl an Stoffen, denen bewusstseinserweiternde Wirkung attestiert wird, ist groß, reicht vom legendären Künstlergetränk Absinth bis zu chemischen Synthetik-Substanzen. Besondere Bedeutung genießt seit Jahrzehnten Kokain, dem im 20. Jahrhundert vom «Candy Man» bis zu Konstantin Wecker so manches Lied gewidmet wurde und dem einzelne Musiker kaum weniger verfallen zu sein schienen als ihrer Kunst. Oft war Bekanntschaft mit der Justiz die Folge.

Nigel Kennedy machte sie im Herbst 2010 nach einem Konzert im bayerischen Bad Wörishofen, als er den Erfolg mit seinen Kollegen bei einer nächtlichen Party im Hotelzimmer feierte. Wegen ruhestörenden Lärms wurde die Polizei gerufen, und Ermittlungen des Staatsanwalts wegen des Verdachts auf Verstoß gegen das Betäubungsmittelgesetz folgten.

Als der amerikanische Soul-Jazzer Gil Scott-Heron 2010 nach über zehn Jahren wieder auf Gastspielreise nach Europa kam, wurde er gefragt, weshalb er so lange von der Bildfläche verschwunden gewesen sei. Seine freimütige Antwort: «Ich war nicht verschwunden, ich war im Knast.» Mehrfach hatte ihn die New Yorker Polizei mit Kokain erwischt.

In der modernen Unterhaltungsbranche ist Drogenmissbrauch keine Seltenheit, und die Medien greifen das Thema für ihre Leser und Zuschauer dankbar auf. So, wie Millionen begeistert Anteil nehmen, wie Pop-Stars auf den Sockel gehoben werden, so intensiv verfolgen sie den Absturz in die private Katastrophe. Ob Amy Winehouse oder Britney

Spears, Michael Jackson oder Elvis Presley, Janis Joplin oder Jimi Hendrix – Glanz und Elend der Idole liegen dicht beieinander, und das Publikum will beides möglichst hautnah miterleben.

Nicht zu vergessen ist, dass Drogenkonsum bei Rock- und Popkonzerten auch unter den Zuhörern eine nicht unerhebliche Rolle spielt, allen Warnungen und Sicherheitsvorkehrungen zum Trotz. Immer wieder gab es Todesfälle als Folge einer Überdosis, abgesehen von den anderen Gefahrenquellen bei Auftritten der großen Bands vor mehreren zehntausend, manchmal sogar bis zu 300 000 Menschen wie bei den Rolling Stones. Die Liste von katastrophalen Unglücken bei solchen Massenveranstaltungen, verursacht durch Gedränge, plötzlich ausbrechende Panik oder übergroße Hitze, ist lang.

Leckerei mit Folgen

Die große Mehrheit der Musiker kommt ohne Drogen aus und spricht auch dem Alkohol allenfalls in unbedenklichen Mengen zu. Mit Heroin oder Kokain haben vermutlich nur die allerwenigsten zu tun, und selbst im Konsum von Cannabis, zu dem sich Nigel Kennedy so freimütig bekennt, fehlt den meisten die Erfahrung. Abgesehen von glücklicherweise seltenen Fällen, in denen sie ungewollt und unbewusst gemacht wurde.

Als das NDR-Sinfonieorchester vor etlichen Jahren zu einem Gastspiel nach Amsterdam gefahren war, spazierten einige ältere Musiker auf der Suche nach Kaffee und Kuchen vor dem Konzertauftritt ein wenig durch das belebte Stadtzentrum und kehrten in einen der berühmten «Coffeeshops» ein, die dort an jeder Straßenecke zu finden sind. Dass es sich bei der zum Kaffee gereichten «Lekkerei» nicht um handelsübliches Gebäck, sondern um «Space Cakes» handelte, konnten sie nicht wissen.

Umso gründlicher lernten sie die Wirkung kennen, individuell verschieden und, um etwaigen Besorgnissen vorzubeugen, in keinem Fall mit bleibenden Folgen verbunden. Für das abendliche Konzert allerdings hatten die Haschisch-Kekse (und um solche handelte es sich) durchaus Konsequenzen. Der Dirigent musste auf mehrere gewohnte Gesichter im Orchester verzichten, als er den Taktstock hob. Die dazugehörigen Musiker hatten sich entweder mit Übelkeit ins Hotel verzogen oder hockten in ungewohnter Lethargie oder unter hysterischen Lachanfällen in der Kantine des Konzerthauses. Für die klassische Sinfonik waren sie an diesem Abend verloren.

Enfant terrible mit viel Promille

«Ein Gläschen in Ehren kann niemand verwehren», lautet die berühmte Redensart, und so soll denn die Vorliebe so manches Musikers für alkoholische Getränke keinesfalls verteufelt werden. Von Johannes Brahms etwa weiß man, dass er einen guten Tropfen durchaus zu schätzen wusste, und Antonin Dvořák war einem oder auch mehreren Schnäpsen alles andere als abgeneigt. Der amerikanische Musikkritiker James Huneker, mit dem tschechischen Meister während dessen New Yorker Jahren freundschaftlich verbunden, hat von einem gemeinsamen Kneipenbummel der beiden durch die New Yorker «Durstmeile» erzählt. Nach dem neunzehnten Cocktail, so sein Bericht, habe er Dvořák gefragt, ob sie nicht etwas essen sollten. «Essen? Nein!», kam mit schon leicht schwerer Zunge die Antwort. «Wir gehen ins böhmische Kaffeehaus an der Houston Street und trinken Sliwowitz.»

Während dem trinkfesten Dvořák der Alkohol offenbar nichts anhaben konnte, ihn auf jeden Fall nicht am Komponieren hinderte, wurde er Wilhelm Friedemann Bach, dem ältesten Sohn des Thomaskantors, zum Verhängnis. Er hatte sich früh bemüht, aus dem Schatten des übermächtigen Vaters herauszutreten, war erfolgreich als Orgel- und Cembalo-Virtuose und wurde für seine künstlerische Originalität und das Neue an seinen musikalischen Gedanken geschätzt.

Aber daneben erregte er immer wieder Missfallen. In den Akten des Stadtrats von Halle, wo er fast zwei Jahrzehnte lang als Musikdirektor tätig war, findet sich die Eintragung: «Sonderbares Betragen, unanständiger Wandel und Eigensinn.» Gemeint war damit vor allem sein übermäßiger Alkoholkonsum.

Schlimmer und schließlich katastrophal wurde es mit

der Trinkerei, als sich das «Enfant terrible» der berühmten Bach-Familie mit 54 entschloss, nur noch als freischaffender Künstler tätig zu sein, ohne feste Anstellung und dauerhafte Bindung an einen Ort. Eine Generation vor Mozart und Beethoven war das ein fast halsbrecherisches Unterfangen, und es endete denn auch prompt mit einem Debakel. Friedemann Bach geriet in immer größere finanzielle Schwierigkeiten, wurde immer häufiger sturzbetrunken irgendwo auf der Straße aufgelesen und starb schließlich verarmt und vereinsamt mit 74 Jahren in Berlin.

Im Vollrausch am Klavier

Auch Modest Mussorgski, der Schöpfer des «Boris Godunow», war dem Alkohol verfallen, und wie sehr ihn das Trinken ruiniert hat, zeigt das berühmte Porträt im Schlafrock, das kurz vor seinem frühen Tod mit 42 Jahren entstand.

Umso bizarrer mutet die Geschichte an, die von einem Wohltätigkeitskonzert in Sankt Petersburg berichtet, in dem der Komponist einen berühmten italienischen Tenor am Klavier begleiten sollte. Mussorgski hatte sich bereit erklärt, die Aufgabe zu übernehmen, war aber am Vormittag des Konzerttages so betrunken, dass aus der Verständigungsprobe, um die der Sänger gebeten hatte, nichts wurde.

Am Abend war er zwar pünktlich zur Stelle, allerdings

immer noch hochgradig alkoholisiert, hatte während des Tages wahrscheinlich noch mehrfach zur Flasche gegriffen. Verständlicherweise wuchsen die Ängste des Konzertorganisators, zumal der Tenor auch noch mitteilte, wegen leichter Indisposition wünsche er seine Lieder einen halben Ton tiefer zu singen. Auf die angstvolle Frage, ob er in seinem Zustand in der Lage sei, sein Klavierspiel darauf einzurichten, antwortete Mussorgski in makellosem Französisch: «Pourquoi pas? Warum nicht?»

Und dann kam das Konzert. Der Tenor, so heißt es, sei überwältigt gewesen von Mussorgskis Spiel. Immer wieder soll er ausgerufen haben: «Welch ein Künstler!»

Aufwachen zum Solo!

Über die Gründe, dass Musiker vor dem Auftritt zu tief ins Glas sehen, kann man nur Mutmaßungen anstellen, und keinesfalls besteht Anlass, die Fälle zu verallgemeinern. Aber sie sind immer wieder vorgekommen. Von dem großen Geiger Henryk Szeryng wird erzählt, dass er sich, nicht mehr ganz nüchtern, kurz vor seinem Auftritt in den Katakomben unter der Bühne des Konzertsaals verlaufen und den Weg zurück nicht mehr gefunden habe. Erst nach einer halben Stunde wurde er entdeckt.

Im Gedächtnis ist mir auch die Geschichte von einem Konzert des BBC Symphony Orchestra in London, auf dem Programm unter anderem Edward Elgars Enigma-Variationen. Als das große Cello-Solo nahte, geriet Dirigent Colin Davis in leichte Panik, denn der Solocellist war offenkundig eingeschlafen.

Der Mann stand in dem Ruf, dem Alkohol häufiger und intensiver zuzusprechen, als ihm guttat, und schien auch jetzt unter der Wirkung hochgeistiger Getränke sanft in Morpheus' Arme gesunken zu sein. Alle Versuche seines Pultnachbarn, ihn wach zu rütteln, blieben erfolglos. Davis gab daraufhin einem anderen Cellisten das Zeichen, er solle einspringen. Doch im selben Moment schlug der Solocellist die Augen auf, blickte zum Dirigenten, wartete auf seinen Einsatz und begann, ohne mit der Wimper zu zucken, mit seinem Part.

Pierre Boulez, der frühere Chef des BBC-Orchesters, saß im Publikum und ging nach dem Konzert zu dem Solocellisten in die Garderobe. «Wie schaffen Sie es bloß, besoffen so schön zu spielen?», fragte er ihn. Die Antwort: «Ganz einfach, Pierre. Ich übe auch besoffen.»

Trunkenheit am Taktstock

Kontrolliert hat es, soweit bekannt, niemand, doch der Verdacht hält sich hartnäckig: Der Dirigent, so wird spekuliert, habe sein künstlerisches Handwerk womöglich unter Alkoholeinfluss ausgeübt und sei deshalb schuld an der Pleite der

Premiere. Die Rede ist von einem Konzert, das am 15. März 1897 in Sankt Petersburg stattfand und dem jungen Sergej Rachmaninow eigentlich zum Durchbruch verhelfen sollte, doch mit einer Katastrophe endete.

Noch nicht ganz 24 Jahre war er damals alt, der hochbegabte Spross einer verarmten Gutsbesitzerfamilie. Er hatte seinen Weg gemacht, unter finanziellen Schwierigkeiten zwar, aber mit Erfolg. Das Konservatorium in Moskau hatte er mit Auszeichnung absolviert und mit siebzehn sein erstes Klavierkonzert geschrieben. Jetzt wollte er sich als Sinfoniker beweisen.

Begreiflicherweise war der junge Mann sehr aufgeregt, es ging schließlich um seine weitere Karriere. Das Aufführungsdatum 15. März allerdings hätte ihn misstrauisch machen können. Hatte nicht schon Cäsar versäumt, sich vor den Iden des März zu hüten? Mit dem Leben musste Rachmaninow die Terminwahl bekanntlich nicht bezahlen, aber ein Fiasko blieb ihm nicht erspart.

Dabei hatte er gehofft, mit Alexander Glasunow als Dirigent könne nichts schiefgehen. Der Mann war immerhin nicht nur renommierter Komponist, sondern auch erfahrener Orchesterleiter. Seine «russischen Konzerte» fanden überall höchste Anerkennung, auch im westlichen Ausland hatte er sich viel Respekt verschafft, speziell seit man ihn 1889 bei der Pariser Weltausstellung unter dem gerade fertiggestellten Eiffelturm erlebt hatte.

Die Proben allerdings hatten Rachmaninow schon unruhig gemacht. Erstens waren sie, gemessen daran, dass auch noch zwei andere neue Werke gespielt werden sollten, viel zu knapp berechnet, und außerdem schien Glasunow wenig

Interesse an Rachmaninows Sinfonie zu haben. Er ließ die Musiker die meiste Zeit einfach spielen, griff kaum ein und wirkte so gleichgültig, dass sich Rachmaninows Sorgen ins Unermessliche steigerten und er sich vor Konzertbeginn einen Platz weit weg vom Podium suchte, um die drohende Pleite nicht aus nächster Nähe miterleben zu müssen.

Es wurde denn auch ein Debakel, so schlimm, dass Rachmaninow nach dem letzten Ton fluchtartig den Saal verließ. In der Zeitung stand: «Gäbe es in der Hölle ein Konservatorium und müsste einer der talentiertesten Studenten eine Sinfonie über die sieben Plagen Ägyptens schreiben, könnte er seine Aufgabe nicht brillanter erledigen als Rachmaninow!»

Für den jungen Komponisten brach die Welt zusammen. Es sollten Jahre vergehen, bis er den Mut fand, ein neues Werk zu komponieren. War tatsächlich Glasunow schuld an dem Desaster? Rachmaninows spätere Frau war sich sicher und behauptete, der Dirigent der Uraufführung sei betrunken gewesen. Beweisen konnte sie es nicht, nur darauf verweisen, dass Glasunow vor Konzerten gern ein Gläschen Wodka zu sich nahm, um sich in Form zu bringen. Nicht auszuschließen, dass es in diesem Fall ein paar mehr gewesen sind.

Teufel Technik

«Technik ist nicht alles, aber ohne Technik ist alles nichts.»
Das ist einer von den Sätzen, die durch ihre elegante Formulierung so bestechen, dass man nicht mehr danach fragt, ob sie auch tatsächlich stimmen. Oder sich bei etwas näherer Betrachtung in pure Banalität auflösen.
Selbstverständlich wären wir aufgeschmissen ohne all die technischen Errungenschaften, die der Menschheit im Laufe der Jahrhunderte beschert worden sind, und der gelegentlich zu hörende Seufzer, wir seien doch längst zu Sklaven der Technik geworden, ändert daran nichts. Ein technikloser Urzustand mag manchem beim verzweifelten Versuch, das neue Festnetz-Telefon anzuschließen, als attraktives Gedankenspiel erscheinen, kommt aber als ernsthafte Alternative nicht in Betracht.
Im Fall der Musik geht es natürlich nicht nur um die technischen Hilfsmittel, so sehr sie für das reibungslose Funktionieren des Opern- und Konzertbetriebs auch benötigt werden. Wie sehr, mag der Vorfall in Edinburghs gerade renovierter Usher Hall illustrieren: Als dort 2009 ein Konzert mit Roger Norrington stattfand, ging mitten im Stück das Licht aus, und Musiker wie Publikum saßen im Dunkeln.

Erst nach halbstündiger Unterbrechung konnte das Orchester weiterspielen.

Eine Technikpanne anderer Art hatte im September 1986 dem Chef des Kölner Gürzenich-Orchesters, Marek Janowski, mitten im Musizieren zugesetzt. Das Konzert unter seiner Leitung war eines der ersten in der gerade eröffneten Philharmonie, und noch nicht alle Mitarbeiter waren mit der Technik des neuen Hauses vertraut. So konnte es passieren, dass der Bühnenaufzug nicht ordnungsgemäß fixiert war, mit der Folge, dass der Dirigent langsam, aber beständig Stück für Stück im Bühnenboden versank. Janowski ließ sich allerdings ebenso wenig irritieren wie das Orchester und dirigierte ungerührt bis zum Schluss. Als der Applaus aufbrandete, war nur noch sein Oberkörper zu sehen.

Ohne das, was man herkömmlicherweise unter Technik versteht, geht es also nicht oder nur eingeschränkt. Aber mindestens so wichtig für das Musikmachen ist das, was man die Spieltechnik nennt. Auch auf sie wird die eingangs zitierte Spruchweisheit oft und gern gemünzt: Selbst wenn sie jemand so beherrscht, dass die Kritiker zu ihrer Lieblingsvokabel «stupend» greifen, bleibt der Zweifel, ob dies wirklich schon «alles» sei. Aber ebenso klar ist, dass es niemand zum großen Virtuosen bringt, wenn es ihm an technischem Vermögen mangelt.

Jedes Instrument braucht seine ganz spezielle Technik, um allen Zauber, der in ihm steckt, zu entfalten, so wie es auch die menschliche Stimme ohne eine spezielle Gesangstechnik nicht zur Podiums- und Bühnenreife bringt. Und nicht zu vergessen, der Taktstock des Dirigenten richtet ebenfalls nichts aus, wenn er nicht mit der gebotenen Technik geschwungen wird. Schon kleinste Fehler können für den Verlauf eines Konzerts fatale Folgen haben, manchmal sogar für das körperliche Wohl des Maestros.

Klaffende Wunde beim Figaro

Dass sich Dirigenten in der Hitze des Gefechts mit ihrem zugespitzten Arbeitsgerät kleinere Stichverletzungen beibringen, kommt, selten zwar, aber doch immer wieder einmal vor. Meistens geht es glimpflich ab, und fast immer bleibt es für das Publikum unbemerkt.

Dramatisch allerdings wurde es 1976 im Orchestergraben der Metropolitan Opera in New York, als Georg Solti dort ein Gastspiel des Pariser Opernensembles mit Mozarts «Figaro» dirigierte. Schuld war im weitesten Sinne die Technik, einerseits die Lichttechnik des Hauses, andererseits ihre Auswirkungen auf Soltis Dirigiertechnik. «Ich konnte mich nicht daran gewöhnen», erzählte er später, «dass das Licht am Dirigentenpult höher war als gewöhnlich. Zum Ausgleich hob ich die Arme höher als sonst.»

Zu Beginn des dritten Aktes, als der Graf gerade seine fiesen Intrigenpläne gegen den verliebten Figaro schmiedete, passierte es dann. Mitten in der temperamentvollen Arie, von Solti ebenso temperamentvoll dirigiert, landete die Spitze des Taktstocks im Kopf des Meisters. Die Wunde war erheblich, und Solti spürte, wie ihm das Blut übers Gesicht rann.

«Ich dirigierte weiter und versuchte, das Blut mit dem Taschentuch abzutupfen.» Aber auch, wenn er im Laufe seines bewegten Lebens gelernt hatte, nicht zimperlich und wehleidig zu sein, hatte er das Bedürfnis, die schmerzende Verletzung wenigstens provisorisch zu versorgen.

«Während des vom Cembalo begleiteten, zwanzig Sekunden langen Rezitativs im Anschluss an die Arie verließ ich den Orchestergraben, machte das Taschentuch an einem Wasserhahn hinter der Bühne nass, drückte es mir fest an den Kopf und ging zurück.» Bis zu diesem Moment hatte im Publikum niemand etwas von dem Zwischenfall mitbekommen. Doch das hätte sich schlagartig ändern können. Denn als der Inspizient das verwaiste Dirigentenpult bemerkte, hatte er sofort das Signal für den Vorhang gegeben, der sich auch prompt zu schließen begann. Erst als er Solti zurückkommen sah, stoppte er das Kommando, der Vorhang öffnete sich wieder, und Solti machte weiter.

Am nächsten Tag ließ er die Wunde nähen – und hörte vom Arzt, dass er großes Glück gehabt habe. «Wenn die Spitze einen Zentimeter weiter links eingedrungen wäre, hätte sie die große Vene getroffen, und die Blutung hätte nicht so leicht gestoppt werden können.» Der Dirigent konnte sich anschließend zwar zu Recht als hieb- und stichfester Vertreter seiner Zunft fühlen, traf für die Zukunft aber dennoch Vorsichtsmaßnahmen, zumal er sich bei früherer Gelegenheit den Stab schon einmal in die linke Hand gerammt hatte.

«Seit diesem zweiten Zwischenfall benutzte ich nur noch Taktstöcke mit abgerundeter Spitze.»

Gespielt wie ein Junkie

Nicht nur Dirigenten, jeder Musiker muss auf der Hut vor Verletzungen und sonstigen Beeinträchtigungen seiner körperlichen Fitness sein. Insbesondere Überanstrengung, oftmals begünstigt durch falsche Spieltechnik, kann schnell zu katastrophalen Folgen führen, wie schon Clara Schumann in ihrer ruhelosen Karriere als Pianistin erfahren musste. Als sie im November 1857 zu einem Gastspiel in Augsburg eintraf, so schrieb sie in einem Brief an den Geiger Joseph Joachim, «bekomme ich solche Schmerzen im linken Arm, dass ich nach einer schrecklichen Nacht am anderen Morgen das Konzert absagen musste. Nie erlebte ich solche Pein, der Arzt gab mir Opium.»

Bei dem Jazztrompeter Till Brönner wollte der Körper eines Tages auch nicht mehr mitmachen. Immer häufiger fühlte er sich, wenn er auf der Bühne stand, weit vor Ende des Konzerts erschöpft, verlor die Kontrolle über das Instrument und traf die Töne nicht mehr richtig.

Natürlich lag der Gedanke nahe, es könne an zu wenig Übung liegen. Aber auch, wenn er sich selbst zusätzliche Trainingseinheiten verordnete, änderte sich nichts an den Symptomen. Ganz im Gegenteil, so erzählte er 2010 dem

«Zeit-Magazin»: «Je mehr ich geübt habe, desto schlechter wurde ich. Ich musste sogar ein Konzert nach der Hälfte abbrechen und die zweite Hälfte vom Rest der Band spielen lassen. Ich kam mir vor wie ein geprügelter Hund. Der Chef geht von der Bühne und sagt, ich kann nicht mehr. Das war der Tiefpunkt.»

Brönner war drauf und dran, mit dem Trompetespielen aufzuhören, doch dann ging er zum «Trompetendoktor», wie ihn die Insider nennen, zu Malte Burba, Musiker, Komponist, Hochschulprofessor und Blechblas-Theoretiker. «Innerhalb von drei Minuten hat er mir gesagt, was mein Problem ist: Ich hatte mir von Anfang an eine falsche Blastechnik zugelegt und mich wie ein Junkie daran gewöhnt.»

Für Till Brönner begann nun ein schwieriger Umgewöhnungsprozess, ähnlich hart und rückfallbedroht wie eine Entziehungskur. Aber er hat es geschafft, auch wenn er wieder bei null anfangen und das Trompetespielen auf eine Art völlig neu erlernen musste. «Ich bin fast so was wie ein trockener Alkoholiker, weil immer die Gefahr besteht, dass ich in die alte Technik zurückfalle.»

Glückliches Ende der Geschichte: Mittlerweile ist Brönner Hochschullehrer für Jazztrompete in Dresden – «und ich teile mir diese Professur mit dem Mann, der mir damals das Leben rettete».

Bach mit Diesel, Haar in der Oboe

Egal ob großer Flügel oder handliche Flöte, Waldhorn oder Geige – Musikinstrumente sind technische Wunderwerke, komplizierte und hochempfindliche Präzisionsgeräte. Und Musiker, ob Komponisten oder Interpreten, kennen sich mit ihnen aus und wissen mit ihnen umzugehen. Bei einigen allerdings gingen Technikverständnis und -begeisterung immer schon weit über den musikalischen Bereich hinaus.

Man denke nur an Karajans Passion für schnelle Autos und für die Fliegerei, an den Technik-Tüftler Josef Strauß, der neben populären Walzern eine Straßenkehrmaschine erfand, oder auch an Antonin Dvořák, der seit frühester Kindheit von Lokomotiven fasziniert war.

Ein Konzertsaal in Bahnhofsnähe wie die Kölner Philharmonie hätte dem tschechischen Meister vermutlich gefallen, auch wenn die Nachbarschaft von Lokomotiven und Musik ihre Tücken haben kann. Als im Dezember 2010 Bachs Weihnachtsoratorium aufgeführt wurde, so meldete der «Kölner Stadtanzeiger», nahm ein Besucher mitten in der fünften Kantate Sprit-Schwaden wahr und sorgte durch seinen angstvollen Ruf «Hier ist Brandgeruch!» für beträchtliche Unruhe im Saal und eine Unterbrechung des Konzerts.

Doch die Sache wurde schnell aufgeklärt: Auf der nahen Eisenbahnbrücke hatten sich Diesellocks gestaut, und deren Abgase waren infolge ungünstiger Windverhältnisse in die Anlage eingedrungen, die für die Frischluftzufuhr zuständig ist. Alsbald war es vorbei mit der Geruchsbelästigung, die Musik konnte weitergehen.

Es müssen nicht gleich Lokomotiven sein, die den Musikbetrieb stören, manchmal genügen auch weit kleinere Ursachen, wie der Oboist Albrecht Mayer in einer Sendung von «Klassik Radio» erzählt hat. Als er im Wiener Musikverein nach der Streicher-Einleitung mit seinem Solo beginnen wollte und das Röhrchen seiner Oboe in den Mund nahm, spürte er, dass etwas nicht stimmte. Zwischen den feinen Lamellen steckte ein Haar, das dort nicht hingehörte.

«Ich wusste, dass ich gar nicht erst anzufangen brauchte», berichtete er, «es würde nicht funktionieren.» Also brach er schon vor dem ersten Ton ab, die Streicher ließen ihre Instrumente sinken, und Mayer erklärte dem irritierten Publikum, er habe zwar kein Haar in der Suppe, wohl aber in seiner Oboe gefunden. Die Lacher hatte er auf seiner Seite.

Wecken in Chicago

Eines der berühmtesten geflügelten Worte, die die Menschheit großen Geistern zu verdanken hat, ist der Lehrsatz, den Benjamin Franklin 1748 in seinen «Ratschlägen an einen jungen Kaufmann» prägte: «Time is money.»

Jeder Musiker, dem schon einmal aus Kostengründen Probenzeiten gestrichen wurden, kann bestätigen, wie gültig das Memento des naturwissenschaftlich begabten Politikers noch heute ist. Nicht nur in Franklins Heimat USA, aber dort besonders. Ob allerdings das Geschenk, das 1991 den Gästen eines Galadinners zum hundertjährigen Jubiläum des Chicago Symphony Orchestra kredenzt wurde, als eine Reverenz an Benjamin Franklin gedacht war, kann bestenfalls vermutet werden.

Tatsache ist, dass jedem der Bankett-Teilnehmer, bevor man sich zum Festkonzert begab, zum Dank für großzügige Spenden an das Traditionsorchester ein Päckchen überreicht wurde. Als stilvolles Präsent hatte man sich eine moderne digitale Schreibtischuhr mit dem Aufdruck «100 Jahre CSO» ausgedacht.

Da man unmittelbar nach dem Essen Platz im Konzertsaal nahm, hatten alle Gäste ihre Schachtel mit dem Chronometer darin mitgenommen. Woran in diesem Moment anscheinend niemand gedacht hatte: Die Uhren waren allesamt mit einem Weckmechanismus ausgestattet, und bei mehreren war er eingeschaltet, nicht einheitlich auf eine bestimmte Weckzeit, sondern immer unterschiedlich.

Bei Wagners «Faust»-Ouvertüre, dirigiert von Daniel Barenboim, passierte noch nichts. Als Georg Solti danach zur «Fünften» von Beethoven die Leitung des Orchesters übernahm, hörte man zum ersten Mal, wie sich die Geschenkuhren anhörten, sobald sie ihr Wecksignal gaben. Aber noch hielt man das digitale Piepen für einen sträflichen Einzelfall, irgendein Zuhörer musste vergessen haben, seine Armbanduhr oder sonst ein Gerät zu entschärfen.

Nach der Pause, bei Tschaikowskys b-Moll-Konzert mit Barenboim am Klavier und Solti am Dirigentenpult, kam dann allerdings massive Alarmstimmung auf: Immer mehr

Wecker machten sich mit unkoordinierten Piepgeräuschen bemerkbar. Sichtlich genervt, aber ratlos, was die Herkunft der Störungen anging, hielten die Akteure nach dem ersten Satz inne. In diesem Moment hastete der Manager des Orchesters, dem die Quelle der Alarmtöne inzwischen siedend heiß klar geworden war, auf die Bühne und bat die Gäste, ihr Jubiläumsgeschenk für die Dauer des Konzerts draußen in den Garderoben zu deponieren.

Beim Rest von Tschaikowsky und einer Dvořák-Ouvertüre am Schluss war dann Ruhe.

Fluch auf der Orgelbank

Seit Erfindung von Schallplatte und Radio haben Musiker auch mit einer ganz anderen Technik zu tun, der Aufzeichnungs- und Sendetechnik. Kompliziert und störungsanfällig ist auch sie, und schon so manches Mal ist sie dem künstlerischen Wollen in die Quere gekommen.

Ein englischer Organist hat mir mit leicht verlegenem Lächeln von dem Pech erzählt, das ihn bei einer Rundfunkaufnahme der BBC ereilt hat. Alles war bestens gelaufen, alle Stücke hatte er fehlerfrei hinbekommen, er selbst war glücklich und zufrieden mit seiner künstlerischen Leistung, und auch die Toningenieure des Senders waren hocherfreut über den ganz und gar reibungslosen Verlauf der Produktion.

Aber wie so oft passierte dann im letzten Stück, einer ziemlich schwierigen und heiklen Toccata, doch noch ein Malheur. An einer besonders virtuosen Stelle hakte es plötzlich. Der Organist unterbrach, setzte neu an und scheiterte abermals an genau demselben Punkt. «Kein Problem», dachte er, «man kann ja hinterher schneiden», und nahm den nächsten Anlauf. Wieder vermasselte er den Lauf.

Beim fünften oder sechsten fehlerhaften Versuch verlor er die bis dahin bewahrte Contenance und brüllte ein wütendes «Oh fuck it!!» in den Raum. Danach klappte es. Die Aufnahme war endlich, wie man so sagt, im Kasten. Leider nur war bei der Fertigstellung der Aufnahme im Schneideraum ein kleiner Fehler passiert: Der Fluch war nicht herausgeschnitten worden. Bei der Sendung im Radio haben dann alle Hörer miterleben können, wie nervenaufreibend virtuoses Orgelspiel gelegentlich sein kann.

Zwitschern bei der Schöpfung

Nicht nur herzhafte Flüche, auch alle sonstigen Nebengeräusche stören bei der Aufzeichnung von Musik. Bei einer Live-Aufnahme von Haydns «Schöpfung» 1988 im Kloster Eberbach unter der Leitung von Yehudi Menuhin, von der mir der Bassbariton Benno Schollum erzählt hat, waren sie allerdings nicht völlig zu vermeiden.

«Schon bei den Proben bekundeten die Singvögel, die

in dem alten Kirchenraum Unterschlupf gefunden hatten, durch lautstarkes Trällern ihre Freude an Haydns Musik. Alle Beteiligten vor den Mikrophonen amüsierten sich darüber, den Aufnahmeleiter störten sie verständlicherweise gewaltig. Im Konzert allerdings entstand plötzlich ein weit brisanteres Problem als Vogelgezwitscher.

Unseren Tenor hatte, vermutlich wegen der anstrengenden Probentage, plötzlich Müdigkeit überkommen, und er verfiel in das, was man im Straßenverkehr Sekundenschlaf nennt. Ich hatte mich gerade zu einem Rezitativ erhoben, wartete auf meinen Akkord, unser Dirigent Lord Menuhin gab der Cembalistin den Einsatz, der Akkord kam und – der schlafende Tenor erwachte.

Sofort begann er mit einem Rezitativ, das erst viel später an der Reihe war, sehr zum Entsetzen von Menuhin, der ihn fassungslos anstarrte, während die Cembalistin tapfer mein Rezitativ weiterspielte.

Das Publikum hielt angesichts der surrealen Szene den Atem an. Nach ein paar Takten hatte ich mich von meiner anfänglichen Verblüffung erholt, legte dem Kollegen den Arm auf die Schulter und drückte ihn sanft, aber bestimmt zurück auf seinen Stuhl. Lord Menuhin sah mich dankbar an, schmunzelte und gab mir erleichtert noch einmal den Einsatz.

Von dem tenoralen Sekundenschlaf ist auf der CD nichts zu bemerken. Wohl aber lässt sich bei aufmerksamem Zuhören bisweilen ein begeistertes Eberbach'sches Singvögelchen vernehmen.»

Offenes Mikrophon

Seit ich gelegentlich Radiosendungen moderiere, ist mir die Bedeutung von Rotlicht bestens vertraut: Mikro offen, alles, was im Studio gesprochen wird, dringt über das Mikrophon nach draußen und wird mitgehört. Bei jedem Wort ist also Vorsicht geboten, selbst dann, wenn die Sendung noch gar nicht läuft, sondern erst noch geprobt wird. Allzu flotte Sprüche lässt man besser bleiben, man denke nur an den legendären Mikrotest von Ronald Reagan, als er noch Präsident der USA war und vor einer Rundfunkansprache vom Aufnahmeteam um einen Satz zur Probe gebeten wurde. «Ich habe eben ein Gesetz unterschrieben, das die Sowjetunion für vogelfrei erklärt, die Bombardierung beginnt in fünf Minuten», sagte er damals und meinte es, ganz der Schauspieler von einst, natürlich ulkig. Nur leider war das Tonband bereits mitgelaufen, und als der Reagan-Satz öffentlich wurde, entstanden sofort diplomatische Verwicklungen.

Warum aus einer solche Panne nicht ein dramaturgisches Stilmittel machen? Sebastian Knauer und ich haben vor einem moderierten Duo-Abend in der Hamburger Laeiszhalle mal so getan, als hätten wir, noch hinter der Bühne, vergessen, dass unsere Headset-Mikrophone bereits eingeschaltet waren, und alle möglichen Albernheiten vom Stapel gelassen. Das Publikum im Saal begann sofort, die Ohren zu spitzen, glaubte an ein Versehen und hoffte natürlich, irgendwelche Intimitäten erlauschen zu können. Bis wir dann auf die Bühne kamen und die Sache aufklärten. Panne als Teil der Inszenierung, auch das kommt vor.

Nicht gewollt war dagegen die hörbare Schlussmoderation eines ziemlich bekannten Geigers am Ende eines Konzerts in Bukarest. Der Beifall, so verriet mir der Veranstalter, war nach Meinung des Künstlers sträflich schwach ausgefallen, und beim Verlassen der Bühne machte er seinem Ärger darüber Luft.

Leider nur war das Ansteckmikrophon, über das er das Konzert moderierend begleitet hatte, noch nicht abgeschaltet, sodass seine wüste Publikumsbeschimpfung im Saal noch gut zu verstehen war. Die Konzertbesucher waren «not amused», auch wenn die Tiraden nicht auf Rumänisch gesprochen wurden.

Und dann erinnere ich mich an ein kleines Rotlichtdebakel während einer «Messias»-Übertragung im britischen Rundfunk. Nach dem berühmten Halleluja-Chor am Schluss des zweiten Teils von Händels Oratorium sollte sich der Sprecher mit einer Zwischenansage melden. Anscheinend kannte er das Stück nicht so genau, als er bei bereits geöffnetem Mikrophon auf seinen Einsatz wartete. Wie alle «Messias»-Kenner wissen, endet der Chor mit vier «Hallelujas» in schneller Folge, danach einer Taktpause mit zwei, drei Sekunden Stille und schließlich einem Silbe für Silbe langsam gesungenen «Halleluja» zum machtvollen Finale.

Zu hören war dann dies:
Chor: «Halleluja, Halleluja, Halleluja, Halleluja!»
Ansager: «This is the BBC.»
Chor: «HAL-LE-LU-JA!»

Randale und einsame Momente

Der alte Cellist, von dem ich an früherer Stelle schon erzählt habe, hat mir damals, als ich mich nach einem Konzert mit ihm unterhielt, nicht nur interessante Dinge über Aberglauben und gute oder böse Vorzeichen verraten, sondern auch noch ein goldenes Dichterwort über das Publikum mit auf den Weg gegeben. Es stammt, sagte er, von Friedrich Hebbel: «Das Publikum muss hingenommen werden wie jedes andere Element.»

Mir kam der Satz zwar etwas fatalistisch vor, aber ganz berechenbar ist die Reaktion im Saal ja tatsächlich nie. Wohl jeder Musiker hat das schon erlebt. Da steht man oben auf der Bühne und denkt, alles sei bestens gelaufen und es könne nur donnernden Applaus geben, und stattdessen erhält man nicht mehr als ein kurzes, müdes Höflichkeitsklatschen. Den umgekehrten Fall, Jubelsturm für schwache Leistung, gibt es allerdings auch, und recht erklären kann man sich weder das eine noch das andere.

Das Publikum hat, ähnlich wie der DFB-Pokal, seine eigenen Gesetze, und man tut als Künstler gut daran, sich mit eigenen Prognosen zurückzuhalten. Ohnehin geben durchaus nicht immer allein künstlerische Gründe den

Ausschlag, ebenso gut können es ganz profane materielle Motive sein.

Das war schon 1763 im Londoner Covent Garden Theatre so, als man «Artaxerxes» von Thomas Arne gab, dem populären Schöpfer von «Rule Britannia». Junge Opernfans, die sich reguläre Tickets nicht leisten konnten, hatten vom Intendanten verlangt, den zweiten Teil der Vorstellung zum halben Preis sehen zu dürfen. Als ihnen das verweigert wurde, verschafften sie sich gewaltsam Zutritt, demolierten die Einrichtung und stürmten die Bühne. Erfolg mit ihren Rabatt-Wünschen hatten sie allerdings erst, als sie das Spiel in einer Reihe weiterer Vorstellungen wiederholten.

Pferdefreunde mit Trillerpfeifen

Den feinen Herren, die im März 1861 für einen geradezu historischen Opernskandal in Paris sorgten, ging es nicht ums Geld, davon hatten sie als Angehörige der besseren Gesellschaft und Mitglieder des elitären «Jockey-Clubs» genug. Ihnen ging es um die jungen Damen des Balletts, die ihre reichen Fans traditionsgemäß im zweiten Akt jeder Oper zu erfreuen pflegten.

Als Richard Wagner auf die Idee verfallen war, seinen «Tannhäuser» auch dem Pariser Publikum vorzuführen, wusste er zwar von diesem Brauch, dachte aber gar nicht daran, sich ihm zu unterwerfen. Die einzige Konzession, zu der er sich bereitfand, bestand aus dem eigens für die Pariser Erstaufführung komponierten «Venusberg-Bacchanal», zu dem der berühmte Marius Petipa eine Choreographie entwarf.

Für die Freunde des Reitsports war das freilich nicht genug. Sie waren an Ballett im zweiten Akt gewöhnt und verbrachten deshalb den ersten Akt regelmäßig außerhalb des Opernhauses beim Essen. Wagner hatte die Tanzeinlage aber für den ersten Akt vorgesehen und ließ sich davon auch durch Interventionen von höchster Regierungsstelle nicht abbringen.

Der Eklat war somit vorprogrammiert: Als die Herren vom «Jockey-Club» zum zweiten «Tannhäuser»-Aufzug erschienen und kein Ballett zu sehen bekamen, reagierten sie rabiat. Auf mitgebrachten Trillerpfeifen stimmten sie einen Höllenlärm an, den andere mit lauten Zwischenrufen, Buh-Geschrei und Lachsalven zusätzlich anheizten, und als einzelne Wagner-Anhänger gegen die Störer tätlich wurden, brach ein Riesentumult aus.

Für Wagner kam das Fiasko nicht unerwartet. Abgesehen davon, dass die insgesamt fünf Monate dauernden Proben Kosten verursacht hatten, die ihm bald über den Kopf wuchsen, waren sie so miserabel verlaufen, dass er das ganze Projekt am liebsten vorzeitig beendet hätte. Außerdem täuschte er sich nicht darüber hinweg, dass er mehr Gegner als Freunde in Paris hatte und mit seiner Musik und seinem Verständnis von Musiktheater überwiegend auf Ablehnung stieß.

Als auch die dritte Vorstellung in allgemeinem Chaos endete, warf er endgültig das Handtuch und reiste ab.

Gefährliche Scala

Buh-Rufe auf offener Szene sind für jeden Künstler ein Grauen, doch wenn sie gleich am Anfang kommen, haben sie fast tödliche Wirkung. Roberto Alagna jedenfalls, so hat er gesagt, «wollte auf der Stelle sterben», als ihm 2006 in der Mailänder Scala als Radames schon nach der ersten Arie ein Orkan von Missfallenskundgebungen entgegenschlug.

«Meine Füße sackten mir weg, ich konnte nicht mehr atmen», schilderte er damals der «Süddeutschen Zeitung», wie ihm zumute war. Aus reinem Selbstschutz sei er von der Bühne geflüchtet, während das Orchester weiterspielte und, noch ehe er es verhindern konnte, der Ersatztenor auf die Szene stürmte.

Für Alagna war «Aida» in diesem Moment gelaufen – und die Scala, wie es schien, gleich mit. Denn als er dem Intendanten mitteilte, er wolle in den nächsten Vorstellungen wieder auftreten, hörte er als Antwort: «Roberto, ich umarme dich, aber kann nichts mehr für dich tun.»

Ob der Verdacht des Sängers zutrifft, dass er damals das Opfer von «Hooligans» geworden sei, die ihn einfach nur fertigmachen wollten, musste offen bleiben. Bekannt war allerdings schon immer, dass Mailands Opernpublikum mit Vorsicht zu genießen ist. Es steht in dem Ruf, sich während der laufenden Vorstellung gern vehement mit Pro und Kontra zu melden, aber am Schluss, selbst bei Gefallen, nur noch kurz zu applaudieren und schnell das Haus zu verlassen.

Rolf Liebermann, von dem schon die Rede war, hat noch

eine ganz andere Variante erlebt, noch schmerzhafter als wütender Protest.

Als 1953 seine Oper «Leonore 40/45» in der Scala aufgeführt wurde, «haben die Leute während der Aufführung nur randaliert», erinnerte er sich, «doch am Ende saßen sie wie versteinert da und rührten keine Hand. Absolutes Schweigen, totale Stille.» Der Saal leerte sich, und zurück blieb ein total frustrierter Liebermann. «Ich habe mich dann mit zwei Freunden furchtbar besoffen und aus Wut die drei großen Portale der Scala angepisst.»

Watsch'n für ein Frühlingsopfer

Vernichtendes Schweigen im Publikum haben weder Igor Strawinsky noch Arnold Schönberg erlebt, wohl aber das glatte Gegenteil. Diese Erfahrungen allerdings lagen vier Jahrzehnte weiter zurück, am Anfang des 20. Jahrhunderts, als Konzertbesucher im Unterschied zu heute gar nicht daran dachten, sich zurückzuhalten und aus ihrem Herzen eine Mördergrube zu machen.

Im Falle Schönberg, am 31. März 1913 im traditionsreichen Wiener Musikverein, blieb es allerdings nicht bei reinen Missfallensbekundungen. Außer Schönbergs Kammersinfonie hatten Werke von Webern, Zemlinsky, Alban Berg und Gustav Mahler auf dem Programm gestanden, doch zu Mahlers «Nun will die Sonn' so hell aufgeh'n» kam man schon nicht mehr. Denn, um im Bild zu bleiben, die Sonne der damaligen Neuen Musik ging vorzeitig im Tumult unter, die avantgardistischen Klänge waren zu viel für das überwiegend konservativ gestimmte Publikum.

Hatten sich Gegner und Anhänger der Komponisten anfangs nur Wortgefechte geliefert, mündeten Für und Wider bald in Brüllerei und sogar Handgreiflichkeiten, weshalb die Veranstaltung dann auch als «Watsch'nkonzert» in die Musikgeschichte einging,

Prügelszenen gab es auch zwei Monate später im ausverkauften Pariser Théâtre des Champs-Élysées, als Strawinskys Ballett «Le Sacre du Printemps» uraufgeführt wurde. «Das Theater schien von einem Erdbeben heimgesucht zu werden», stand in einem Zeitungsbericht. «Es schien zu erzittern. Leute schrien Beleidigungen, buhten und pfiffen, übertönten die Musik. Es setzte Schläge und sogar Boxhiebe.»

Mit einem solchen Sturm der Entrüstung hatten weder der damals erst 31-jährige Komponist noch sein Choreograph Vaslav Nijinsky gerechnet. Aber es gab auch begeisterte Zuschauer. «Eine hübsch gekleidete Dame in einer der Orchesterlogen», so erinnerte sich Nijinskys Frau, «stand auf und gab einem jungen Mann in der Nachbarloge, der beständig Pfiffe hervorstieß, eine Ohrfeige. Ihr Begleiter erhob sich, und die Männer tauschten ihre Visitenkarten aus; das Duell folgte am nächsten Tag.» Und ein amerikanischer Kritiker erzählte, ein hinter ihm sitzender Mann sei so sehr in den Bann der Musik geraten, «dass er mir mit den Fäusten den Takt auf den Kopf klopfte».

Hoch her ging es auch am 18. Mai 1917 im Pariser Théâtre du Chatelet, als eine Ballett-Koproduktion von Jean Cocteau, Erik Satie und Pablo Picasso mit dem Titel «Parade» Uraufführung hatte. Das Stück, in dem zwei Manager vergeblich versuchen, Publikum für ein fahrendes Völkchen mit Zauberkünstler, Pferd und Akrobaten anzulocken, sollte das Ballett revolutionieren, sorgte allerdings vor allem für Tumult im Saal und üble Verrisse in der Presse. Satie, der in seine Partitur Nebelhorn, Milchflaschen und Schreibmaschinen eingebaut hatte, wurde als Clown, Picasso für seine kubistische Bühnendekoration als Stümper bezeichnet. Als Satie einem Kritiker schrieb: «Monsieur, Sie sind ein A..., aber ein A... ohne Musik», gab es einen Prozess, in dem der Komponist zu acht Tagen Gefängnis auf Bewährung verurteilt wurde.

Stinkbomben und Sanktionen

Musikalische Katastrophen als Vorboten weit größerer und schlimmerer Katastrophen – auch diese Fälle hat es gegeben.

Als Ernst Křeneks Jazz-Oper «Johnny spielt auf» 1927 in Leipzig uraufgeführt wurde, war das zwar der Start zu einem Welterfolg, mit Übersetzungen in achtzehn Sprachen und Aufführungen in hundert Opernhäusern. Doch zugleich rührten sich jene Kräfte, die wenige Jahre später Kunst und Kultur in Fesseln legten und nur noch duldeten, was ihren Vorstellungen entsprach. Dass Křenek zu den Komponisten gehören würde, denen während der Nazi-Herrschaft Verbot und Verfemung drohten, war absehbar. Es gab, neben aller Zustimmung, wüste Beschimpfungen und hasserfüllte Kommentare, bei einer «Johnny»-Aufführung in München wurden Stinkbomben geworfen, und vor der Wiener Premiere tauchten Hakenkreuz-Plakate auf, die zum Protest gegen die «jüdisch-negerische Besudelung» der Staatsoper aufriefen.

Welch abgrundtiefer Aversion sich die Neue Musik damals gegenübersah, nicht etwa nur bei den Gefolgsleuten Hitlers, sondern auch in konservativen und klerikalen Kreisen, zeigte sich auch 1926 in der Kölner Oper, als dort Béla Bartóks Ballett-Pantomime «Der wunderbare Mandarin» uraufgeführt wurde. Dass er auf erbitterten Widerstand von Publikum und Presse stoßen würde, dürfte Bartók geahnt haben, doch mit einem derart höllischen Aufruhr im Opernhaus hat er sicher nicht gerechnet.

Schon während der Vorstellung hatten viele Zuschauer unter wütenden Protestrufen und mit lautem Türenschlagen den Saal verlassen, und am Ende brach ein zehn Minuten langes infernalisches Pfeifkonzert mit Buh- und Pfuirufen aus, in dem das Klatschen von ein paar Begeisterten unterging. Die Zeitungen brachten am Tag darauf vernichtende Kritiken, schrieben von «geistiger Perversion» und «Hottentottenmusik», und Oberbürgermeister Konrad Adenauer bestellte Dirigent Eugen Szenkár ein, um ihm weitere Aufführungen zu untersagen.

Béla Bartók ließ sich von dem Debakel nicht beirren. Als in aller Eile der eiserne Vorhang heruntergelassen worden war, um aufgebrachte Besucher am Erstürmen der Bühne zu hindern, suchte er den Dirigenten in der Garderobe auf und sagte sanft: «Eugen, auf Seite 34 steht in der zweiten Klarinette ein Mezzoforte. Ich konnte sie nicht hören. Bitte ändere es in ‹forte›.»

Einsam auf weiter Flur

Das Publikum kann vor Begeisterung toben, es kann in wilder Wut pfeifen und grölen, es kann matt und verhalten applaudieren, es kann auch völlig schweigen. Auf alles muss der Künstler auf der Bühne gefasst sein, mit allem muss er rechnen. Aber eines zumindest sollte ihm das gütige Schicksal ersparen: dass niemand kommt. Oder fast niemand vor ihm sitzt, wenn er die Bühne betritt.

Einem Freund von mir ist es so bei einem Duo-Abend mit seinem Klavierpartner in einem Vorort von Birmingham ergangen. Es war kein Auftritt, den er in seiner Künstlerbiographie erwähnen würde, dazu war der Schauplatz zu unbedeutend. Aber als Trainingsvorlauf für ein später folgendes Konzert in einem wichtigen Saal konnte dieser Abend gute Dienste leisten.

Nach monatelanger Vorbereitung erschienen die beiden in der Bibliothek, in der sie spielen sollten, und erfuhren vom peinlich berührten Direktor, dass sich in dem Raum mit 150 Plätzen nur ein einziger Besucher befand. Und der hatte sich in der Tür geirrt, eigentlich wollte er sich gleich nebenan eine Ausstellung über Eisenbahnen ansehen. «Aber er ist bereit zu bleiben», versuchte der Direktor die Situation zu retten.

Trösten konnte sich mein Freund auch damit, dass solche Erfahrungen selbst dem großen Geiger Jascha Heifetz nicht erspart geblieben sind. Als er während des Krieges kurz nach einem Bombenalarm die Bühne betrat, sah er nur zwei Menschen im Publikum. Gespielt hat er trotzdem, und die beiden Besucher durften sagen, welche Stücke sie hören wollten.

Auch der Klarinettist David Orlowsky hat erfahren, wie einsam Musiker gelegentlich werden können. Zu seinem Auftritt in einem New Yorker Jazzclub, so hat er mir gebeichtet, war überhaupt niemand erschienen, und das nach einem erfolgreichen Konzert im Weill-Saal der Carnegie Hall am Vorabend. Der Veranstalter bat händeringend um Aufhebung des Vertrages, doch David hat sein gesamtes Programm abgearbeitet, vor leerem Haus.

Ein U-Boot für den Chansonnier

Fragt man im weiten Kreis der Musikerkollegen herum, zeigt sich, dass schon so mancher den frustrierenden Anblick leerer oder kaum gefüllter Säle zu ertragen hatte. Auch der Liedermacher Reinhard Mey hat diesen Albtraum durchgemacht, an einem Abend in den 1970er Jahren. Aber als er mir seine Erlebnisse geschildert hat, klang es, als sei es erst gestern gewesen.

Aufgewachsen im einstigen französischen Sektor von Berlin, war ihm Französisch so geläufig wie Deutsch, und er hatte früh begonnen, in beiden Sprachen zu dichten und zu singen. Mit großem Erfolg, hüben wie drüben, und nach dem ersten Konzert im ausverkauften «Olympia» in Paris durfte er sich mit Recht freuen, es nicht nur in Deutschland, sondern auch in Frankreich geschafft zu haben. Gastspiele in ganz Frankreich folgten, überall gewann er das Publikum im Handumdrehen. Bis zu jenem Abend in Brest, der Hafenstadt am westlichsten Zipfel von Frankreich.

«Kein Willkommen im Hotel», erinnert er sich, «kein Plakat, kein Aushang im Bistro, nur eine winzige Zeitungsanzeige für eine riesige Eissportarena und genau neununddreißig verkaufte Tickets.»

Sein Produzent versuchte, ihn zu beruhigen, die Abendkasse werde es schon bringen. Tat sie aber nicht.

«Dafür brach kurz vor Konzertbeginn ein apokalyptischer Gewittersturm über die Stadt herein, der auch den letzten Unentschlossenen davon abhalten sollte, sich zu dieser abstoßenden Halle durchzukämpfen. Dort hatten inzwischen alle neununddreißig Zuschauer Platz genommen, neununddreißig in einer Halle für vielleicht 3500. In einem Häuflein saßen sie dicht beieinander, als hätten sie sich im Angesicht des Orkans, der draußen tobte, zusammengekauert.»

Im nächsten Moment gab es die letzte Gelegenheit, dem Spuk ein Ende zu machen. Denn gerade, als das Funzellicht im Saal erlosch und die Scheinwerfer aufflammten, riss der

Sturm im hinteren Teil der Halle zwei garagentorgroße Verglasungen aus der Wand und schleuderte sie krachend auf die menschenleeren Reihen. Jetzt war eindeutig höhere Gewalt im Spiel, und man hätte die ganze Veranstaltung absagen können. Doch das kam für Reinhard Mey nicht in Frage.

«Eine meiner eisernen Lebensmaximen lautet: Solange ein Zuschauer mehr im Saal als Personal auf der Bühne ist, sage ich kein Konzert ab.» Und die neununddreißig waren geblieben, auch noch, als die Feuerwehr anrückte und das Loch in der Hallenwand notdürftig mit einer großen Plane verschloss.

«Gegen 21.30 Uhr begann ich zu singen. Ich wollte meine Zuhörer für all die Unbill, für die Verspätung und für den leeren kalten Saal entschädigen. Ich wollte, dass die neununddreißig beim Nachhausekommen sagten: Es war kein Schwein da, aber er hat so überirdisch schön gesungen, es war ein so einmaliges Konzert, selber schuld, dass ihr euch ein so unvergleichliches Ereignis habt entgehen lassen!

Ich sang voll Feuer, aber die Reaktion im Saal war verhalten. Gut, sagte ich mir, wenig Leute machen auch wenig Geräusch beim Applaus. Ich sang witzige Sachen, aber das Echo blieb aus. Ich sang meinen Hammerhit ‹Une cruche en pierre›, der immer schon bei den ersten Tönen angeklatscht wurde. Nichts.

Ich begann, mir Sorgen zu machen, denn jetzt käme in der Programmfolge ein deutsches Lied, mit dem ich gern Germanistikstudenten und Deutschlehrer erfreute, bei dem sich aber im ausschließlich frankophonen Teil des Publikums die Begeisterung im eher neutralen Bereich hielt.

Ich begann also zögernd mit der ‹Diplomatenjagd› – und da brach der Jubel aus. Szenenapplaus nach jeder Strophe, vielstimmiges tiefes, kräftiges Gelächter. Ich war völlig verwirrt, nahm aber den ersehnten Applaus so dankbar wie verunsichert an. Na gut, dann noch was Deutsches, wieder Ovationen. Jetzt machte ich auch meine Ansagen auf Deutsch. Jetzt hatte ich sie, jetzt hörte ich nicht auf. Es war längst nach elf, als ich nach mancher Zugabe ‹Gute Nacht, Freunde› sang.

Später klopfte mein Produzent an die Garderobentür und sagte, da seien ein paar Zuhörer, die sich bedanken wollten. Ich erwartete die Teilnehmer des Deutsch-Leistungskurses oder die Belegschaft des Goethe-Instituts, stattdessen standen auf dem Flur neununddreißig vierschrötige bärtige Männer. Eine komplette deutsche U-Boot-Besatzung, auf Werkstattfahrt von Eckernförde nach Brest. Einer von ihnen hatte die Annonce in der Zeitung gesehen.

Seit diesem Abend sagte mein Produzent, wenn bei Konzerten in Frankreich kurz vor Beginn noch ein paar Plätze frei waren: ‹Keine Sorge, es wird voll. Ich hab am Horizont ein Sehrohr entdeckt.›»

Blackouts und Kleinholz

Ein gutes Gedächtnis ist für jeden Musiker Gold wert. Es muss nicht unbedingt fotografisch funktionieren und alles Gesehene schon auf den ersten Blick speichern, aber solide sollte es schon arbeiten, damit beim Spielen alles punktgenau abgerufen werden kann, was man zuvor mühsam erarbeitet hat.

Aber was ist schon perfekt auf der Welt! Immer wieder kommt es vor, dass einem mitten im Solo oder in einer Arie der Faden reißt und man nicht mehr weiterweiß, und auf die Hilfe des Souffleurs wie im Theater kann man in der Klassik nicht hoffen. Selbst den größten Routiniers treten dann die Schweißperlen auf die Stirn, und so manchen ergreift wilde Panik.

Wie in allen kritischen Lebenslagen sind aber natürlich Ruhe und Besonnenheit der sicherste Ausweg. Und dann sind da ja auch noch die Mitstreiter auf der Bühne, die in aller Regel sofort als Katastrophenhelfer tätig werden und das Schlimmste abwenden. Tatsächlich werden die meisten Havariefälle mit vereinten Kräften schnell und elegant behoben, sodass im Publikum kaum jemand etwas bemerkt, abgesehen von denen, die eine Partitur auf dem Schoß haben. Grundsätzlich gilt: Je größer die Zahl der Mitwirkenden, desto unauffälliger der Reparaturvorgang.

Stehen nur zwei Leute auf dem Podium, wird es schon heikler. Berühmt ist der Zwischenfall bei einem Duo-Abend von Fritz Kreisler und Sergej Rachmaninow in New York. Als den Geiger plötzlich das Gedächtnis im Stich ließ, trat er hilfesuchend näher an den Flügel und fragte flüsternd: «Wo sind wir?» Rachmaninow spielte ungerührt weiter und zischte zurück: «In der Carnegie Hall.»

Selbst wenn dieser Dialog nur erfunden sein sollte, kann man davon ausgehen, dass nichts Ernstes passiert ist, sondern Kreisler sehr schnell wieder mit seinem Partner im Einklang war. Nicht erfunden ist der Blackout, der dem schon erwähnten Jascha Heifetz unterlaufen ist und es bis auf die Titelseite einer Zeitung brachte, weil die Welt ansonsten nur absolute Perfektion von dem Maestro gewohnt war. «Wie konnte das passieren?», hatten ihn aufgeregte Journalisten gefragt. Die ebenso schlichte wie aufrichtige Antwort von Heifetz: «I forgot.»

Nicht immer lassen sich Blackout-Probleme gewissermaßen während der Fahrt beheben. Wenn es gar nicht mehr geht, hilft nur noch das Kommando «Alle Maschinen stopp!». Der Sopranistin Annette Dasch ist es so bei einem Schubert-Abend in Barcelona gegangen: In einem der Lieder auf ihrem Programm hatte sie plötzlich eine Blockade. «Den Anfang der Strophe habe ich noch gewusst, aber dann war alles weg», hat sie in einer Radiosendung erzählt, immer noch zerknirscht über die Ladehemmung. «Ich hab nur noch ein, zwei Wörter so irgendwie hingenuschelt, und dann musste ich richtig unterbrechen.» Vergleichbares war ihr noch nie passiert, und vor Schreck schlug sie die Hände überm Kopf zusammen.

Verwirrendes Potpourri

Sobald große Orchester und Solisten im Spiel sind, fällt im Notfall den Dirigenten die Aufgabe des obersten Krisenmanagers zu, und erfahrene Kapellmeister sind damit auch nur selten überfordert. Voraussetzung ist natürlich, dass sich Maestro und Solist einig sind, wie die Aufführung werden soll. Leonard Bernstein und Glenn Gould waren sich komplett uneinig, als sie 1962 in der Carnegie Hall das d-Moll-Konzert von Brahms spielen wollten. Es hätte zum Eklat kommen können, doch Bernstein trat vor das Publikum, berichtete von den tief greifenden Differenzen und dirigierte trotzdem – aus Respekt vor dem Künstler Gould und seiner Konzeption.

Anders liegen die Dinge, wenn einer der Beteiligten einen Blackout hat, eine plötzliche Leere im Gehirn spürt und die aufsteigende Panik erlebt. Wohl jeder Musiker, der Verfasser eingeschlossen, hat das schon durchgemacht, und kaum weniger schlimm ist die «Solidaritätspanik», die einen befällt, wenn ein Kollege aus dem Tritt kommt. Tröstlich ist nur, dass selbst die versiertesten Künstler nicht dagegen gefeit sind. Anfang der 1980er Jahre saß ich als kleiner Junge im Publikum, als Yehudi Menuhin mit seiner Schwester

Hephzibah am Klavier auswendig Beethovens Kreutzer-Sonate spielte. Sein Gedächtnis war legendär. Und trotzdem geschah es. Mitten im ersten Satz verließ er plötzlich die gemeinsame Straße, nahm eine andere Route und fand nicht mehr zurück.

Er musste abbrechen, und ein Raunen ging durch den Saal. Yehudi lächelte und sagte mit seinem unwiderstehlichen Charme: «I've forgotten how it goes.» Riesengelächter im Publikum. Die beiden fingen von vorn an, und es wurde eine grandiose und elektrisierende Aufführung.

Als Georg Solti 1965 eine Konzerttournee durch Israel unternahm, hat er am 1. April in Haifa den Zustand durchgemacht, den ich bereits mit Solidaritätspanik beschrieben habe. Als Solist war der britische Pianist John Ogdon engagiert, der alternierend Liszt und Tschaikowsky spielte. In Haifa stand das Liszt-Konzert auf dem Programm.

Als er mitten in der Kadenz des ersten Satzes war und die Musiker des Israel Philharmonic still zuhörten, traute Solti seinen Ohren nicht: Ogdon hatte sich offensichtlich in die Kadenz des Tschaikowsky-Konzerts verirrt! Der Solist hatte ganz offensichtlich die Stücke gewechselt, und der Dirigent geriet in Panik. «Was wird in 45 Sekunden passieren, fragte ich mich, wenn er an das Ende der Tschaikowsky-Kadenz kommt und ich das Orchester den Schluss des Liszt-Satzes spielen lasse?»

Es war ein Albtraum, der nur in einer musikalischen Katastrophe enden konnte. Doch im letzten Moment riss Ogdon gewissermaßen das Steuer herum und kehrte improvisierend zum richtigen Konzert zurück, das zu Soltis grenzenloser Erleichterung glatt bis zum Ende verlief.

«Anschließend wollte ich zu seiner Garderobe eilen und ihn erwürgen», hat der Dirigent erzählt, «bis ich die Wahrheit erfuhr. Der Unfall war kein Unfall, sondern ein Aprilscherz.»

In der Warteschleife

Die Möglichkeiten für Musiker, im entscheidenden Moment irgendetwas nicht parat zu haben, sind nahezu unbegrenzt. Von der richtigen Kadenz bis zur Frackschleife gibt es nichts, was man nicht vergessen kann. Sogar der eigene Auftritt kann einem entfallen, für den Ablauf eines Konzerts oder einer Opernaufführung zweifellos eine ziemliche Katastrophe.

Die Kammersängerin Gisela Litz, in den 1950er und 60er Jahren Ensemblemitglied der Hamburgischen Staatsoper, hat so einen Fall auf der Bühne erlebt, in Werner Egks «Revisor»: Zusammen mit ihrem Rollenpartner wartete sie in einer Szene auf die Ankunft des Dieners Ossip, der eine für den Fortgang der Handlung wichtige Nachricht zu überbringen hatte. Doch es wurde ein Warten auf Godot: Ossip kam nicht.

Während der Dirigent tapfer weiterdirigierte, begann das Paar auf der Bühne zu improvisieren und erfand Dialoge, von denen sich der Komponist nichts hätte träumen lassen. «Wir mussten erreichen, dass der Inspizient wach wurde und Ossip schleunigst auf die Bühne schickte», erzählt Gisela Litz. «Deshalb sangen wir immer neue Fantasie-Sätze, in denen der Name des Dieners vorkam. ‹Wo bleibt Ossip? Ossip wird gewiss gleich hier sein› und so weiter.»

Erst nach mehreren Minuten wurden sie erlöst. Ossip, der seinen Auftritt verpennt hatte, erschien mit hängender Zunge auf der Bühne und fand mit Mühe den Anschluss.

Ein ähnliches Erlebnis, allerdings in konzertanter Form, hatte die Sopranistin Diana Damrau 2008 im Théâtre des Champs-Élysées in Paris, im letzten Konzert einer langen Tournee. Sie war schon vorher einmal in Paris aufgetreten und hatte mit leichter Irritation bemerkt, dass einzelne Orchestermusiker immer dann, wenn sie gerade Pause im Programm hatten, aufstanden und hinter die Bühne verschwanden, bis sie wieder gebraucht wurden.

Im zweiten Teil des Konzerts hatte Diana Damrau die verträumte Arie der Susanna aus Mozarts «Hochzeit des Figaro» zu singen – und was sich dabei abspielte, hat Hauke Goos im «Spiegel» so beschrieben:

«Damrau hat sich in eine innige, hoffnungsvolle Stimmung gesungen. ‹Endlich naht sich die Stunde, die verträumen ich werde im Arm des Geliebten›, singt sie. Jetzt das Andante. Die Holzbläser stoßen hinzu, Flöte, Oboe, Fagott. Damrau registriert, dass etwas fehlt, die Flöte ist ein bissel dominanter als sonst, denkt sie.

Dann kommt die Stelle, an der das Fagott sechs schnelle Sechzehntel spielen soll, a-b-c-d-e-f, immer höher hinauf. An dieser Stelle, sagt Damrau, gab es einen Moment der Stille, den es sonst in dieser Arie nicht gibt.

Sie hält die Luft an, denkt ‹auweia›, schaut kurz zum

Dirigenten, der dirigiert weiter, sie beschließt, sich nichts anmerken zu lassen, die Arie irgendwie zu Ende zu bringen.

‹Dass ich dich kränze›, singt sie, da sieht sie, wie der Dirigent von seinem Podest klettert. Hinter ihrem Rücken läuft er zur ersten Geigerin hinüber, die beiden flüstern. Diana Damrau ist in Wien und London aufgetreten, an der Scala und an der Met, sie hat gelernt, dass eine Panne keine Panne ist, solange sie niemand bemerkt.

Da geht der Dirigent nach vorn, hebt den Arm und wendet sich ans Publikum. ‹Sorry, we have to stop›, sagt er, ‹the bassoon is missing.› Das Fagott fehlt.

Dann sieht Diana Damrau die junge Fagottistin auf die Bühne schleichen, hängende Schultern, rotes Gesicht, wie versteinert vor Angst und Scham. Sie war, als sie Pause hatte, kurz nach hinten gegangen, und hatte gedacht, sie sei noch nicht wieder dran.»

Rossini im Rollstuhl

Dass Opernsänger gefährlich leben, weiß die Welt spätestens seit Carusos Abenteuer im Erdbeben von San Francisco. Doch auch ohne Naturkatastrophe müssen sie jederzeit um ihr leibliches Wohl fürchten, wie Amerikas neuer Opernstar Joyce DiDonato im Sommer 2009 in Covent Garden zu spüren bekam.

Eben hatte die junge Mezzosopranistin mit Bravour ihre Arie «Una voce poco fa» in der Mitte des ersten Aktes von Rossinis «Barbier von Sevilla» fertig gesungen, als sie stolperte und hinfiel. Ein stechender Schmerz im rechten Bein signalisierte ihr sofort, dass von dem Sturz mehr als nur ein blauer Fleck zurückbleiben würde. Aber sie sang und spielte weiter. Und dass sie für den Rest des Aktes nur noch humpeln konnte, hielten die Zuschauer für einen lustigen Gag der Inszenierung.

In der Pause vor dem zweiten Aufzug stellte der Theaterarzt einen Bruch des Wadenbeins fest und legte einen Notverband an. Jeder Fußballprofi hätte sich mit so einer Verletzung auswechseln lassen, doch die tapfere Joyce spielte weiter, wenn auch auf Krücken. Und als das Bein dann in der Nacht im Krankenhaus eingegipst wurde, gab sie immer noch nicht auf: In den folgenden Vorstellungen erschien sie als Rosina im Rollstuhl auf der Bühne. «Das Regiekonzept ging auch damit auf», meinte sie später in einem Interview. «Mit einer ernsten Rolle hätte ich so etwas allerdings nicht gemacht.»

Check-in für Stradivari

Im Unterschied zu Sängern müssen Instrumentalisten, was die Vorsorge für Leib und Leben angeht, immer gleich doppelt auf der Hut sein, für sich selbst und für ihr Instrument. Besonders wir Geiger wissen davon ein Lied zu singen, denn gute Violinen sind nicht nur äußerst empfindlich und leicht zerbrechlich, sondern obendrein sehr wertvoll, je älter, desto teurer.

Eine Katastrophe, wenn einem passiert, was David Garrett kurz nach Weihnachten 2007 in London widerfahren ist! Nach einem Konzert war er auf einer Steintreppe ausgerutscht und mit voller Wucht auf seinen Geigenkasten gefallen. Als er den Kasten öffnete, musste er feststellen, dass seine unbezahlbare Guadagnini von 1772 nahezu Kleinholz war.

Eine Beinahe-Katastrophe erlebte Geiger-Kollege Philippe Quint, als er seine Stradivari in einem New Yorker Taxi liegenließ. Einen halben Tag lang blieb das millionenschwere Instrument unbemerkt auf dem Rücksitz liegen, ehe es Quint unter Freudentränen bei dem Fahrer abholen konnte.

Wie ihm zumute war, kann ich leicht nachfühlen, hatte ich doch meine kostbare alte Geige auch schon einmal vergessen, unter dem Tisch eines Lübecker Restaurants. Seit ich sie, endlos erleichtert, wiederfand, lasse ich sie nicht mehr aus den Augen. Auch auf Reisen bleibt sie stets in meiner unmittelbaren Nähe, und so wie für andere Geiger ist es für mich völlig selbstverständlich, sie bei Flügen mit in die Kabine zu nehmen, statt sie den robusten Transportbedingungen von Koffern auszusetzen.

Seit einiger Zeit allerdings ist das nicht mehr so einfach. Zum einen wurden Höchstmaße für Handgepäckstücke festgelegt, denen Geigen samt Behälter kaum gerecht werden können. Welcher Geigenkasten kommt schon mit der zulässigen Maximallänge von 45 Zentimetern aus? Zum anderen dürfen Instrumente nur dann mitgeführt und in den Gepäckfächern verstaut werden, wenn ausreichend Platz vorhanden ist und der Kapitän keinen Einspruch erhebt. Doch das ist noch nicht alles. Einzelne Fluggesellschaften sind mittlerweile dazu übergegangen, nicht mehr nur für dickleibige Celli, sondern auch für die deutlich schlankeren Violinen eigene Sitzplätze vorzuschreiben. Das heißt im Klartext: Fliegt der Künstler zum Konzert nach Übersee, muss er gleich zwei Tickets kaufen.

Neue Probleme entstanden für reisende Streichersolisten durch die nach den New Yorker Terroranschlägen verschärften Sicherheitsbestimmungen im Luftverkehr. Es kam schon vor, dass Ersatzsaiten als mögliche Mordinstrumente konfisziert wurden. Der Geiger Maxim Vengerov brauchte viel Überredungskunst, als er seine Stradivari vor der üblichen Check-in-Prozedur für Gepäckstücke bewahren und bei sich behalten wollte. Mir ging es ähnlich, als ich mit dem Beaux Arts Trio unterwegs war. Erst nach längerer Diskussion gab der Pilot von Air Canada sein Einverständnis, dass meine Geige in der Kabine blieb. Allerdings stellte er eine Bedingung: «Während des Fluges dürfen Sie nicht spielen.»

Ärger traf es Pierre Boulez im November 2001 in Basel. Am frühen Morgen wurde er in seinem Hotelzimmer unsanft von drei Polizisten geweckt, die ohne Angabe von Gründen seinen Pass verlangten. Erst nach zwei Stunden erhielt er ihn zurück, wieder ohne Erklärung. Später erfuhr er, dass ihn sein provokanter Spruch aus den 60er Jahren, man solle alle Opernhäuser in die Luft sprengen, verdächtig gemacht hatte.

Flügel mit Totalschaden

Pianisten haben es im Vergleich zu Geigern und Cellisten leichter, wenn sie unterwegs sind – sie reisen im Normalfall ohne ihr Instrument. Ausnahmen bestätigen allerdings die Regel. Vladimir Horowitz zum Beispiel nahm stets seinen eigenen Flügel mit auf Tournee, und auch Krystian Zimerman verlässt sich nur auf sein privates Instrument. Gibt er irgendwo ein Konzert, lässt er seinen Flügel von zu Hause herbeischaffen oder, noch lieber, besorgt den Transport mit Auto und Anhänger höchstpersönlich.

Als er kurz nach den Anschlägen vom 11. September 2001 zu einem Klavierabend in New York anreiste, hatte er seinen «Steinway» per Luftfracht vorausgeschickt, nicht ahnend, wie penibel inzwischen jedes Stück am Kennedy-Airport unter die Lupe genommen wurde. Den Kontrolleuren kam die Riesenkiste bei der Durchleuchtung höchst suspekt vor, zumal ein merkwürdiger Geruch, wie von Klebstoff, von ihr ausging. Da sie nichts riskieren wollten, sprengten sie das Frachtgut kurzerhand in die Luft. Zimermans Flügel im Wert von über 100 000 Dollar war nur noch Schrott.

Dass der schmerzliche Verlust die Beziehung des polnischen Künstlers zu den USA nicht gefördert hat, lässt sich denken. Überrascht waren dennoch viele, als er 2009 während eines Konzerts in Los Angeles ankündigte, er könne nicht mehr in einem Land auftreten, dessen Militär die ganze Welt kontrollieren wolle.

In höchster Not

Daran, dass es in der Musik nicht ohne Ordnung geht, habe ich an früherer Stelle bereits erinnert. Musiker und Sänger studieren, üben und proben wochenlang, bevor sie vor das Publikum treten, und die Veranstalter leisten logistische Schwerstarbeit, damit zur Aufführung alles, aber auch wirklich alles klappt. Doch immer wieder tauchen aus heiterem Himmel Probleme auf, mit denen vorher niemand rechnen konnte.

Auf manche Krisenfälle kann man sich zumindest in der Theorie vorbereiten. Geiger müssen im Prinzip immer darauf gefasst sein, dass plötzlich und möglichst noch mitten im Solo eine Saite reißt, wie bei mir damals in der Normandie, weshalb es sich für sie empfiehlt, den Ernstfall beizeiten in einer Art Probelauf durchzuspielen.

Auch Iona Brown, die leider schon früh verstorbene englische Geigerin, wusste natürlich um diese Gefahr, was freilich nichts daran änderte, dass sie im entscheidenden Moment jedes Mal zunächst tief geschockt war. In einem der berühmten Londoner Promenadenkonzerte mit dem BBC Synphony Orchestra hatte sie eine solche Schrecksekunde zu überstehen.

Kaum nötig zu sagen, dass sie die heikle Situation, wie es sich für einen Profi gehört, gemeistert hat. Ebenso klar ist allerdings auch, dass sie bei ihrem zweiten Proms-Auftritt wenige Tage später davon ausging, ihr Soll an Pannen erfüllt zu haben und nicht schon wieder vom Pech verfolgt zu werden.

Leicht angespannt war sie trotzdem, als sie «The Lark Ascending» von Vaughan-Williams spielte, die Romanze von der aufsteigenden Lerche, und am Schluss, als das Orchester innehielt, zum tirilierenden Vogelflug in die Stratosphäre ansetzte. Würde die E-Saite auch wirklich halten? Sie hielt.

Dafür passierte etwas anderes: Aus einer der Logen gellte plötzlich der Schrei einer Frau, nicht nur einmal, sondern die Schreie wiederholten sich, durchdringend und markerschütternd. Begreiflicherweise war Iona Brown aufs höchste irritiert. Für einen kurzen Moment dachte sie daran, ihr Spiel abzubrechen, doch dann machte sie weiter, wurde allerdings, weil die Schreie nicht aufhörten, automatisch immer lauter, so laut, wie es sich der Komponist für seine Lerche vermutlich nicht vorgestellt hatte.

Dann endlich war das Stück zu Ende, und befreiter Applaus brandete auf. Wenig später erfuhr die Solistin den Grund der Schreie: Eine Konzertbesucherin hatte soeben ein Baby zur Welt gebracht.

Gefürchteter Husten

An Ursachen von kleinen und großen Katastrophen im Musikgeschäft ist wahrlich kein Mangel. Extrem gefürchtet sind alle Arten von Erkältungssymptomen, bei Sängern die eigenen, bei kleinen Streicher-Ensembles und Pianisten noch stärker die katarrhalischen Erscheinungsformen im Publikum.

In Herbst- und Wintermonaten kann man wahre Husten-Sinfonien in Konzertsälen erleben, besonders wenn die Musik ins Piano übergeht. Aber auch sonst scheinen leise Stellen Hustenanfälle geradezu herauszufordern. Der Klavier-Komiker Victor Borge hat das schon vor Jahren mit seinem «Husten-Prélude» bewiesen, einem zarten Stück, bei dem im Auditorium mit tödlicher Sicherheit erst verhaltenes und mühsam unterdrücktes, dann aber immer heftigeres Bronchial-Bellen einsetzte.

Legendär ist das gequälte Echo von Alfred Brendel auf hustende Besucher seiner Klavierabende. «Ich weiß nicht, ob Sie mich hören, ich höre Sie auf jeden Fall gut», war noch eine seiner mildesten Reaktionen. Passieren konnte durchaus auch, dass er sein Spiel ganz einfach unterbrach, wenn es zu schlimm wurde.

Im Unterschied dazu ist es bei Sängern der eigene Husten, der den akuten Notstand auslöst. Als Anna Netrebko einen Tag vor der «Romeo und Julia»-Premiere bei den Salzburger Festspielen 2010 von einem grippalen Infekt mit Fieber befallen wurde, schrillten sämtliche Alarmglocken.

«Es war entsetzlich», beschrieb sie ihre Ängste später in

einem Interview. «Ich dachte schon, ich schaffe die Vorstellung niemals.» Zwei Jahre zuvor hatte sie Salzburg wegen Schwangerschaft absagen müssen, jetzt wollte sie unbedingt singen. Auch eine Entschuldigung vor dem Vorhang wegen «Indisposition» kam für sie keinesfalls in Frage.

Sie hat denn auch gesungen, und der Jubel von Publikum und Presse war einhellig. Allerdings hat es sie viel Kraft gekostet, und immer, wenn sie während der Vorstellung hinter die Bühne gehen konnte, gab es den nächsten großen Hustenanfall, einmal so heftig, dass die Korsage ihres Kleides den Geist aufgab.

Sehen und gesehen werden

Es gibt auch die bizarren Augenblicke im Leben eines Musikers, die Momente höchster Verblüffung, die einem die Sprache verschlagen. Mir fällt da ein Konzert in New York mit dem Beaux Arts Trio ein, in dem ich damals mit dem großartigen und schon über achtzigjährigen Menahem Pressler und dem Cellisten Antonio Meneses zusammen spielte.

Wir traten in der Veranstaltungsreihe «People's Symphony» auf, einer Einrichtung für Musikfreunde mit wenig Geld. Die Künstler erhalten zwar nur eine symbolische Gage, aber dafür können sie sicher sein, immer auf ein großes und begeisterungsfähiges Publikum zu treffen. Die

Leute stehen oft stundenlang geduldig Schlange, um eine Eintrittskarte zu ergattern.

Es sind nicht die routinierten Konzertbesucher, die dorthin gehen, sondern meist Leute, denen die sonst bei Klassikveranstaltungen üblichen Etiketteregeln nicht viel sagen. Viele bringen sich ihr Abendbrot mit, das sie dann zu den Musikdarbietungen mit Genuss verzehren.

Wir begannen also mit unserem Programm. Gleich zu Beginn, schon nach wenigen Minuten, sah ich aus dem Augenwinkel, wie ein älterer Herr in einer der vorderen Reihen aufstand, sich an seinen Nebenleuten vorbeizwängte und sich langsam auf die Bühne zubewegte. Direkt vor meinen Füßen blieb er stehen und legte die Arme auf den Rand des Podiums. Ich gebe zu, dass mich seine unmittelbare Nähe etwas verunsicherte, aber ich spielte konzentriert weiter.

Dann war das erste Stück zu Ende, es gab herzlichen Beifall, aber der Mann blieb unverwandt an seinem Platz. Auch als wir einmal von der Bühne abgingen und wieder zurückkamen, stand er noch da. Wir saßen schon wieder, wollten gerade mit dem nächsten Programmpunkt beginnen, als ich plötzlich das Gefühl hatte, irgendetwas tun zu müssen. Das Einzige, was mir einfiel, war die Frage: «Kann ich Ihnen helfen, Sir?»

Der Mann antwortete in breitestem New Yorker Slang: «Kannst du, Junge! Rück ein bisschen nach rechts! Du versperrst mir sonst die Sicht auf den Pianisten!»

Noch surrealer war die Begegnung, die mein Kollege David Finckel, Cellist im Emerson String Quartet, mit einer Konzertbesucherin in Arizona hatte. «Wir hatten in einer Kirche gespielt», erzählte er mir, immer wieder von Lachen unterbrochen, am Telefon, «und standen anschließend mit zahlreichen Zuhörern in lockerem Gespräch beisammen.»

Zielstrebig kam eine sehr elegante ältere Dame auf ihn zu, blieb vor ihm stehen und sprach ihn mit den Worten an, eines müsse sie ihm unbedingt sagen. David war gespannt und rechnete schon mit herber Kritik an seinem Spiel, doch die Lady wollte etwas anderes loswerden. «Als Sie da oben auf dem Podium saßen und das Licht auf Ihren Oberlippenbart fiel – da sahen Sie aus wie Hitler. Ich dachte, das sollten Sie wissen.»

David war vollkommen baff, wollte etwas sagen, brachte aber kein Wort heraus. Und während sich die Dame entfernte, blieb er mit offenem Mund stehen.

Erst nach einigen Minuten hatte er den Vergleich der alten Dame verdaut, musste allerdings den ganzen Abend immer wieder lauthals lachen.

Horrortrip zu Frankenstein

Von welchen Ängsten Musikveranstalter gelegentlich gepeinigt werden, hat mir Jeremy Geffen, Director of Artistic Planning der New Yorker Carnegie Hall, erzählt. Am 3. April 2009 sollte das St. Louis Symphony Orchestra in seinem Haus gastieren, unter anderem mit einem der ganz großen Publikumsrenner zeitgenössischer Musik, HK Grubers «Frankenstein!!».

Ein «Pandämonium» hat der österreichische Komponist sein Werk genannt, ein höllisches Vergnügen des schwarzen Humors, in dem sich alle Gestalten der Horrorliteratur, Kinderbuch-Scheusale und Comic-Unholde dieser Welt ein fröhlich-gruseliges Stelldichein geben. Geschrieben ist es für Orchester und Chansonnier – und mit Letzterem begannen die Probleme von Jeremy.

Wegen eines heftigen Unwetters, das den Luftverkehr teilweise lahmlegte, traf zwar auch das Orchester erst mit großer Verspätung in New York ein, doch HK Gruber, der persönlich den Part des Chansonniers übernehmen sollte, saß in Chicago fest und hatte, so viel er auch versuchte, keine Chance, rechtzeitig zum Konzert an Ort und Stelle zu sein.

«Ich traf mich mit David Robertson, dem Dirigenten, der einen frühen Flug genommen hatte und deshalb als Einziger schon mittags anwesend war, um mit ihm zusammen nach einem möglichen Ersatz für Gruber zu suchen», hat der Carnegie-Chef die ziemlich verzweifelte Situation beschrieben. «Viel Hoffnung, fündig zu werden, hatten wir nicht.»

Denn der Chansonnier in «Frankenstein!!» ist eine sehr spezielle Rolle. Er ist eine Art Hexenmeister, dessen Stimme sich ständig verwandelt, der mal singt, mal flüstert, bald kreischt und pfeift, bald knurrt und gurgelt und der dabei keine Miene verziehen darf. «Mit einem Wort», so Jeremy, «es schien unmöglich, auf die Schnelle jemanden ausfindig zu machen, der den Anforderungen des Stücks genügen könnte, noch dazu ohne Proben.»

Doch dann kam die Wende. «David hatte sich alles angehört, und dann sagte er: ‹Wenn Gruber nicht rechtzeitig hier ist, mach ich es, und mein Assistent soll dirigieren.› Er kannte das Stück, hatte es mehrfach mit Gruber als Solist aufgeführt, und ich wusste um sein Talent für solche Aufgaben. Ich willigte ein.»

Als der Moment der Wahrheit immer näher rückte, wurde Jeremy zwar immer nervöser, betrat aber tapfer die Bühne und gab die Solistenänderung bekannt. «Als ich wieder auf meinem Platz saß, sank ich in der sicheren Erwartung einer Katastrophe in mich zusammen. Aber es kam ganz anders: Als David anfing zu singen ‹Kleine Maus, kleine Maus nimmt mich in ihr Mausehaus›, wusste ich sofort: Dies ist nicht nur die Rettung vor einem Riesendesaster, dies wird eine Aufführung, die niemand vergessen wird, der sie erlebt hat. Als ich dem völlig erschöpften David hinterher in der Garderobe um den Hals fiel, hatte ich allerdings nicht das Gefühl, dass er dieses Experiment jemals wiederholen würde.»

Der Weg wurde Ziel

Im Allgemeinen dürfen Musiker von einem bestimmten Grad der Prominenz an mit umsichtiger Fürsorge von Agenten und Managern rechnen, besonders wenn es um die Beförderung zum Ort ihres Auftritts geht.

Mein Geigerkollege Vadim Repin wollte zumindest in

zwei Fällen seine Unabhängigkeit in Transportangelegenheiten unter Beweis stellen – und erlitt, wie er mir gestanden hat, beide Male Schiffbruch.

Fall 1 ereignete sich in Italien: Repin war glücklich, mit seinem Auto rechtzeitig zum Auftritt in Ferrara eingetroffen zu sein, als er feststellte, dass es dort keinen Konzertsaal gab.

Die telefonische Rücksprache mit seiner Agentin ergab, dass er sich verhört hatte: Nicht Ferrara war gemeint, sondern Carrara. Im Eiltempo machte er sich auf den 260 Kilometer langen Weg. Als er sein Ziel erreichte, war das Konzert bereits zu Ende. Das Orchester hatte ohne ihn gespielt.

Fall 2 spielte in Maastricht in den Niederlanden: Repins Agentin rief ihren Schützling am späten Abend an, um zu erfahren, wie es denn gelaufen sei. Erstaunte Reaktion: «Das Konzert ist doch erst morgen, ich bin gerade auf dem Weg.»

Seither wurde er nicht mehr nach Maastricht eingeladen.

Panik beim Protokoll

Die Zeiten, in denen Musiker zum Dienstpersonal an Fürstenhöfen gehörten und den Majestäten ohne Widerrede zu Willen sein mussten, sind zwar lange vorbei. Doch wenn es von Staats wegen feierlich wird, darf die Musik auch heute nicht fehlen. Umgekehrt sind große Ereignisse im Musikleben wie die Eröffnung von Festspielen oder die Einweihung neuer Konzerthallen ohne die Anwesenheit hoch- und höchstgestellter Persönlichkeiten kaum vorstellbar.

Auch als 1982 in London das neue Kultur- und Konferenzzentrum «Barbican Centre» seiner Bestimmung übergeben wurde, war selbstverständlich Königin Elisabeth II. anwesend. Und ebenso selbstverständlich hatte das Protokoll jedes Detail des Zeremoniells sorgfältigst geplant. Die Queen sollte die erste Hälfte eines Galakonzerts mit dem London Symphony Orchestra zu hören bekommen und anschließend einer Theateraufführung der Royal Shakespeare Company beiwohnen.

Beiden Darbietungen voran, daran erinnert sich der damalige Barbican-Direktor Raymond Gubbay immer noch mit leichtem Schaudern, ging die Enthüllung einer Gedenktafel im Foyer durch Ihre Majestät. Die königliche Leibgarde bildete Spalier, und alle wichtigen Leute hatten zur Begrüßung der Monarchin Aufstellung genommen.

Zu denen, die der Queen beim Eintreffen die Hand geben durften, gehörte auch der Vorstand des Orchesters, der Solo-Oboist des Londoner Symphony Orchestra. Und dann kam der Moment, der Raymond Gubbay um die gesamte Zeremonie bangen ließ: Einem auf der obersten Treppenstufe stehenden Gardisten rutschte der Griff seiner Hellebarde aus der Hand, das schwere Gerät fiel unkontrolliert herunter und traf mit seinem Schaft den Orchestervorstand derart schwer am Kopf, dass er ohnmächtig wurde.

Erst unmittelbar bevor die Königin erschien, erlangte

er dank Wasser und Brandy das Bewusstsein wieder und konnte dem hohen Gast, blass und mit gequältem Lächeln, wie vorgesehen die Hand schütteln. Als dann wenig später auch noch ein Ehrengast einen tödlichen Herzinfarkt erlitt, war der Direktor mit seinen Nerven so gut wie am Ende. Um der Queen den Anblick eines Toten zu ersparen, ließ er hastig einige der Blumenarrangements herbeiholen, mit denen der Leichnam bedeckt wurde.

Protokollnöte sind allerdings keine Spezialität von Monarchien, sondern kommen auch dort vor, wo gekrönte Häupter nur zu Besuch sind. Als vor vielen Jahren das spanische Königspaar zu Gast in Hamburg war und sich abends zu einer Aufführung der «Zauberflöte» in der Staatsoper angesagt hatte, gerieten die fürs Zeremonielle Verantwortlichen in helle Aufregung, weil sich die Majestäten beträchtlich verspäteten. Das bürgerliche Publikum im Saal wurde bereits ungeduldig.

Nach einer guten Viertelstunde vergeblichen Wartens entschied der damalige Intendant und Dirigent der Vorstellung, Christoph von Dohnanyi: «Wir sind Republikaner, wir fangen an!»

Ohne es zu wollen, habe auch ich mir gegenüber der Queen einmal einen protokollarischen Fauxpas geleistet: Mit elf Jahren hatte ich zur Einweihung des neuen Opernhauses am Royal College of Music den Puck in Benjamin Brittens Oper «A Midsummer Night's Dream» spielen dürfen und war für diese Rolle von Kopf bis Fuß grün angemalt worden. Nach der Aufführung reihten sich alle Mitwirkenden auf, um der Königin und dem Kronprinzen vorgestellt zu werden. Auch ich durfte der Monarchin die Hand geben – und hinterher sah ich mit Entsetzen, dass ich ihren weißen Handschuh grün gefärbt hatte. Sie ließ sich nichts anmerken, aber Prinz Charles, der hinter ihr ging, reagierte sofort: Als ich auch ihm meine grüne Rechte entgegenstrecken wollte, verzichtete er wohlweislich auf den Handschlag und beschränkte sich auf ein freundliches «Thumbs up».

Letzte Katastrophen

Kein Musikerleben, das nicht von kleinen und großen Pannen begleitet wird, von unvermuteten Störfällen, die sich schnell beheben lassen, ebenso wie von dramatischen Pleiten, die in Desaster und Chaos münden. Jeder, der die Musik zum Beruf gemacht hat, muss sich damit abfinden, aller Sorgfalt und Vorsicht zum Trotz.

Doch es gab auch die finalen Katastrophen, abrupt und nicht mehr reparabel, mitten in der Arbeit, auf der Opernbühne, beim instrumentalen Solo, am Dirigentenpult. Bei Mauricio Kagel, dem stets zu Provokationen aufgelegten Argentinier, war es noch Spaß, als er 1981 zu seinem 50. Geburtstag das eigene Ende simulierte und am Schluss seiner Komposition «Finale» vom Podium fiel und reglos liegen blieb, bis das geschockte Publikum gegangen war.

Wirklich dramatisch wurde es bei einem Zwischenfall, von dem mir der britische Rockmusiker Sting erzählt hat: Sting hatte Anfang der 1970er Jahre eine Fernsehübertragung von den Proms der BBC verfolgt und fassungslos miterlebt, wie plötzlich der Tenor zusammenbrach und von der Bühne getragen wurde. Nur einen Augenblick später meldete sich aus einer der vorderen Reihen der stehenden

«Promenaders» ein junger Mann, ein Gesangsstudent. Er wurde auf das Podium gehoben und sang die Tenorpartie unter dem brausenden Beifall des Publikums zu Ende.

Am 20. April 2001, als in der Deutschen Oper Berlin der dritte Akt von Verdis «Aida» lief, wurde es sogar tödlicher Ernst. Eben hatte Radames seiner Geliebten eröffnet, dass er sie verlassen werde, da hörte man ein dumpfes Poltern aus dem Orchestergraben. Die Musik brach ab, die Sänger stürzten nach vorn an die Rampe, und jemand rief nach einem Arzt. Dirigent Giuseppe Sinopoli war mit einem Herzinfarkt zusammengebrochen, dem er wenig später im Krankenhaus erlag.

Nach dem ersten Schock erinnerte sich die trauernde Musikwelt an ähnliche Ereignisse in der Vergangenheit, an Joseph Keilberths Tod während einer «Tristan»-Aufführung 1968 in München und Felix Mottls Ende am selben Ort und in derselben Oper 57 Jahre zuvor. Man dachte an Fälle in den USA, an den Dirigenten Albert Stoessel, der 1943 während eines Konzerts in New York starb, an den Pianisten Simon Barere, von manchen mit Horowitz verglichen, den 1951 in der Carnegie Hall mitten in Griegs Klavierkonzert ein Gehirnschlag ereilte, oder auch an den Bariton Leonard Warren, der 1960 auf der Bühne der New Yorker «Met» tot zusammenbrach, gerade als er im dritten Akt von Verdis «Macht des Schicksals» jene Arie gesungen hatte, die mit den Worten beginnt «Sterben, ein schrecklicher Gedanke».

Spinnen, Gift und Cholera

«Ein braves Pferd stirbt in den Sielen» lautet ein berühmtes Wort von Bismarck, und tatsächlich habe ich schon mehrfach von Kollegen gehört, mitten in der Arbeit, umgeben von der geliebten Musik, aus dem Leben abberufen zu werden, müsse ein schöner Tod sein. Mag sein, dass sie damit richtigliegen, doch aussuchen kann es sich bekanntlich niemand. So ist denn auch so mancher Musiker wohl auf der Höhe von Schaffenskraft und Karriere, aber doch unter qualvollen Umständen dahingeschieden.

Berühmtestes Beispiel ist Jean-Baptiste Lully, der Hofkapellmeister von Frankreichs Sonnenkönig Ludwig XIV., der seiner Gewohnheit zum Opfer fiel, zum Dirigieren einen langen Holzstab zu benutzen, mit dem er dem Orchester den Takt klopfte. Als er 1687 ein Tedeum aufführte, das er zur Genesung des Monarchen von schwerer Krankheit komponiert hatte, stieß er den Stock in der Hitze des Gefechts nicht auf den Boden, sondern auf seinen Fuß und fügte sich eine böse Verletzung zu. Die Wunde entzündete sich, eine Blutvergiftung kam hinzu, und der gefeierte Lully ging jämmerlich zugrunde.

Lullys Zeitgenosse Henry Purcell stand ebenfalls im Zenit seines Wirkens, als er 1695 in eines der neuen Londoner Chocolate Houses einkehrte und eine heiße Schokolade zu sich nahm. Man weiß zwar nichts Genaues, muss aber vermuten, dass die damaligen Gastronomiebetriebe nicht den heutigen Hygiene-Standards genügten und den britischen Orpheus deshalb nach dem Verzehr heftiges Unwohlsein befiel. Vermutlich hatte er sich eine schwere Lebensmittelvergiftung zugezogen, an der er, erst 36 Jahre alt, wenig später starb.

Leibliche Genüsse, wenngleich höchst ungewöhnliche, sollen auch schuld am frühen Tod von Anton Fils gewesen sein, einem der bedeutendsten Komponisten der berühmten Mannheimer Schule. Angeblich aß er gern (man muss in diesem Fall sogar sagen: für sein Leben gern) Spinnen, vorzugsweise, wenn sie noch lebten. Der Sturm-und-Drang-Dichter Christian Daniel Schubart wusste offenbar von dieser seltenen Vorliebe, wie sein Nachruf auf Fils aus dem Jahr 1760 zeigt: «Schade, dass dieser vortreffliche Kopf wegen seines bizarren Einfalls, Spinnen zu essen, vor der Zeit verblüht ist.»

Im Fall von Peter Tschaikowsky soll es ein Glas Wasser gewesen sein, das den Tod brachte – Wasser aus der Newa, das, wenn überhaupt, nur abgekocht genießbar war, weil in Petersburg 1893 die Cholera herrschte. Hartnäckig hält sich die Version, der Komponist, der wenige Tage zuvor die Uraufführung seiner 6. Sinfonie dirigiert hatte, habe das verunreinigte Wasser bewusst getrunken, um seinem Leben ein Ende zu machen. Andere Theorien besagen, er sei vom Ehrengericht der Rechtsschule, an der er studiert hatte, wegen seiner Homosexualität zum Selbstmord gedrängt worden.

Tragische Unfälle

So traurig die Erkenntnis ist, sie lässt sich nicht verdrängen: Je moderner die Zeiten und je mobiler die Künstler wurden, desto häufiger machte der Verkehrstod großen Karrieren ein vorzeitiges Ende. Der zu Unrecht weithin in Vergessenheit geratene Ernest Chausson, einer der führenden Vertreter des französischen «Wagnérisme», starb 1899 bei einem Fahrradunfall, sein spanischer Komponistenkollege Enrique Granados kam im Kriegsjahr 1916 bei einem Schiffsuntergang ums Leben. Auch sie traf der Tod in der Blüte ihrer Jahre, Chausson mit 44, Granados, dessen Fall besonders tragisch war, mit 49.

Der populäre Spanier hätte länger leben können, wäre er nach der Uraufführung seiner neuen Oper «Goyescas» an der New Yorker «Met» wie geplant nach Hause gefahren. Doch Präsident Wilson hatte ihn noch zu einem Klavierabend ins Weiße Haus eingeladen, und so nahmen Granados und seine Frau ein späteres Schiff, nicht direkt nach Spanien, sondern nach London. Auf der Weiterreise über den Ärmelkanal wurde die Fähre von einem deutschen U-Boot torpediert und schwer beschädigt. Etwa fünfzig Passagiere kamen dabei ums Leben, darunter das Ehepaar Granados.

Tragisch auch das Schicksal der französischen Geigerin Ginette Neveu, die 1935 mit erst sechzehn Jahren den Wieniawski-Wettbewerb in Warschau vor David Oistrach gewonnen hatte und deren glanzvoll beginnende Karriere durch den Zweiten Weltkrieg unterbrochen worden war. Nach 1945 versuchte sie, durch unermüdliche Konzerttätigkeit nachzuholen, was sie durch die Kriegsjahre versäumt hatte, fühlte sich am Beginn einer neuen Phase ihrer künstlerischen Entwicklung. Auf dem Weg zu Gastspielen in den USA stürzte 1949 ihr Flugzeug über den Azoren ab. Als man die 30-Jährige in den Trümmern fand, soll sie ihre Stradivari noch in den Armen gehalten haben.

So manche Künstlerlaufbahn wurde durch den Unfalltod jäh beendet. Der gefeierte lyrische Tenor Fritz Wunderlich starb 1966 durch einen Treppensturz im Jagdhaus eines Freundes, neun Tage vor seinem 36. Geburtstag und kurz vor seinem Debüt an der New Yorker «Met». Sein Sängerkollege Peter Anders war zwölf Jahre zuvor im Alter von 46 Jahren bei einem Autounfall ums Leben gekommen, und auch der englische Hornist Dennis Brain, einer der Besten seines Fachs, starb 1957 bei einem Verkehrsunfall, mit nur 36 Jahren.

Schlechtes Karma, gute Vorzeichen

Am Anfang des Buches habe ich von dem unter Musikern stark verbreiteten Aberglauben erzählt, von der Angst vor diesem oder jenem angeblich unheilvollen Omen. Bei russischen Musikern, so hat man mir erzählt, steht beispielsweise das Concertgebouw in Amsterdam in dem Verdacht, ein schlechtes Karma auszustrahlen. Verwiesen wird auf Künstler wie David Oistrach und Emil Gilels, die nach Konzerten dort schon bald gestorben sind. Und auch an den Dirigenten Eduard van Beinum wird in diesem Zusammenhang erinnert, der 1959 während einer Brahms-Probe mit dem Concertgebouw-Orchester in dem berühmten Haus eine Herzattacke erlitt und ihr wenig später erlag.

Der Ort, an dem 1945 Anton von Webern sein Leben verlor, Mittersill bei Zell am See, war in jedem Fall gefährlich, denn gerade eben war der Krieg vorbei, und die amerikanische Besatzungsmacht fackelte nicht lange, wenn sie Razzien unternahm, um Schwarzhändler dingfest zu machen. Auch das Haus, in dem der Komponist wohnte, wurde am 15. September durchsucht, und als Webern vor die Tür trat, um eine Entspannungszigarette zu rauchen, stieß er ungewollt mit einem Soldaten zusammen, wobei sich ein Schuss löste und ihn tödlich traf.

Keine Frage, die Musikgeschichte steckt voller Episoden von Düsternis und Tragik, hat eine Menge zu erzählen von schlimmen Katastrophen und bösen Pleiten. Doch wie beschrieben, sind viele Pannen am Ende glimpflich abgegangen, haben die Betroffenen anfangs zwar erschreckt und heftig schwitzen lassen, sich schließlich aber ohne bleibende Folgen beheben lassen.

Doch vergessen wir nicht, dass es immer auch Ereignisse gibt, die zu schönsten Hoffnungen berechtigen und auf eine glückliche und erfolgreiche Zukunft der Musik hindeuten, selbst wenn sie auf Anhieb wie eine weitere Panne wirken. Nur ein Beispiel, das mir ein Bekannter aus Berlin erzählt hat:

Da soll in der Berliner Philharmonie eben ein Sinfoniekonzert beginnen, der Dirigent hat schon den Taktstock erhoben, um den Einsatz zu geben, als aus einem der oberen Ränge Babygeschrei erschallt. Amüsiertes Raunen im Publikum. Zweiter Anlauf zum musikalischen Beginn, doch abermals meldet sich das Baby aus luftiger Höhe, und wieder lässt der Maestro die Arme sinken. Das Raunen im Saal wirkt jetzt schon ein wenig ärgerlich, und der Mann am Dirigentenpult schickt leicht verzweifelte Blicke nach oben. Doch dann nutzt er entschlossen den Moment der Stille und lässt das Orchester im dritten Versuch losspielen. Das Baby schreit zwar erneut, strebt jetzt aber auf dem Arm der Mutter dem Ausgang zu.

Ein Baby in der Philharmonie, das laut und vernehmlich seine Anwesenheit beim Konzert bekundet. Kann es ein schöneres Zeichen dafür geben, dass die Musik längst nicht am Ende ist und auch morgen noch ihr Publikum haben wird? Es kann! So wie schon anderswo gibt es neuerdings auch in der Klassik-Hochburg Weimar Konzerte für Säuglinge. Mozart und Kollegen für Zuhörer, die noch nicht das erste Lebensjahr vollendet haben – das Angebot kommt bestens an. Und in Musikveranstaltungen für Schwangere werden selbst Ungeborene bereits erfolgreich mit Klassikklängen versorgt.

Für die Musiker bedeutet der Umgang mit dem jüngsten Publikum nicht nur eine neue Herausforderung, sondern am Ende vielleicht auch eine neue Quelle der Inspiration. Und die ist bekanntlich das Wichtigste beim Musizieren. Mein alter Freund, der Pianist Menahem Pressler, mit dem zusammen ich die letzten Jahre des Beaux Arts Trios als

Geiger gespielt habe, hat mir dazu eine Geschichte von dem Dirigenten Leopold Stokowski erzählt:

«Wir trafen uns, als Stokowski schon über neunzig war, in New York, zu einem Beethoven-Abend in der Carnegie Hall, mit Egmont-Ouvertüre, Eroica und Tripel-Konzert, das er, wenn überhaupt, nur selten dirigiert hatte. Ein enormes Programm, und das mit über neunzig Jahren! Es allein physisch durchzustehen, war schon eine phänomenale Leistung.

Vor dem Auftritt ging ich auf ihn zu und wünschte ihm das übliche Toi, toi, toi. Er sah mich an und sagte: ‹Das brauche ich nicht.› Ich versuchte es mit ‹Bonne chance› und ‹Hals- und Beinbruch›. Aber er sagte wieder: ‹Das brauche ich nicht.›

Ich war etwas ratlos und fragte: ‹Ja, was brauchen Sie dann, Maestro?› Und da blickte mir dieser große Künstler in die Augen und flüsterte: ‹Inspiration!›»

Als mir Menahem Pressler diese Begegnung schilderte, war er selbst schon fast neunzig und noch immer fasziniert von Stokowskis Wort. Inspiration! Sie ist auch für ihn in seinem langen Musikerleben immer das A und O gewesen. Und jedem, der Musik macht, kann ich nur wünschen, dass ihm die Inspiration niemals ausgeht, egal was hin und wieder auf der Bühne passieren mag.

In diesem Sinne – Toi, toi, toi!

Anhang

Diskographie Daniel Hope

2011   Deutsche Grammophon   477 9301
The Romantic Violinist – A Celebration of Joseph Joachim. Violinkonzert von Max Bruch, Romanze von Robert Schumann u. a.
Royal Stockholm Philharmonic Orchestra / Sakari Oramo

2009   Deutsche Grammophon   477 8094
Air – A Baroque Journey
Lorenza Borrani, Kristian Bezuidenhout, Solisten des Chamber Orchestra of Europe

2008   Deutsche Grammophon   477 7463
Vivaldi
Anne Sofie von Otter
Chamber Orchestra of Europe

2007   Deutsche Grammophon   477 6634
Mendelssohn
Chamber Orchestra of Europe / Thomas Hengelbrock

2007 DG Concerts on iTunes 477 7150
Elgar
City of Birmingham Symphony Orchestra/Sakari Oramo

2007 Deutsche Grammophon 477 6546
Terezín/Theresienstadt
Anne Sofie von Otter, Bengt Forsberg, Christian Gerhaher

2006 Warner Classics 2564-62545-2
Bach
Chamber Orchestra of Europe, Kristian Bezuidenhout, Cembalo, Jaime Martin, Flöte

2006 Naxos 8.557934
Rebecca Clarke
Philip Dukes, Bratsche, Sophia Rahman, Klavier, Robert Plane, Klarinette

2006 PBS Home Video DVD, BART601
Beethoven
DVD-Dokumentation zum fünfzigjährigen Bestehen des Beaux Arts Trios

2006 Warner Classics 2564-62546-2
Schostakowitsch
BBC Symphony Orchestra/Maxim Schostakowitsch

| 2006 | Warner Classics | 2564-62514-2 |

Schostakowitsch
Beaux Arts Trio (Menahem Pressler, Klavier, Antonio Meneses, Cello, Daniel Hope, Violine), Joan Rodgers, Sopran

| 2005 | Warner Classics | 2564-61944-2 |

Mozart
Sebastian Knauer, Klavier, Camerata Salzburg/ Sir Roger Norrington

| 2005 | Warner Classics | 2564-61525-2 |

John Foulds
City of Birmingham Symphony Orchestra/Sakari Oramo

| 2004 | Warner Classics | 2564-61429-2 |

Dvořák, Mendelssohn
Beaux Arts Trio (Menahem Pressler, Klavier, Antonio Meneses, Cello, Daniel Hope, Violine)

| 2004 | Warner Classics | 2564-61329-2 |

«East meets West» Shankar, Ravel, Bartók, De Falla, Schnittke
Sebastian Knauer, Klavier/Luthéal, Gaurav Mazumdar, Sitar, Asok Chakraborty, Tabla

| 2004 | Warner Classics | 2564-60291-2 |

Berg, Britten
BBC Symphony Orchestra/Paul Watkins

2003	Nimbus Records	NI 5702

«Forbidden Music» Klein, Schulhoff, Krása, Ravel
Philip Dukes, Bratsche, und Paul Watkins, Cello

2002   EMI Classics   5 57376 2
Hindemith, Prokofjew
Heimbach Chamber Music Festival

2001   Nimbus Records   NI 5666
Elgar, Finzi, Walton
Simon Mulligan, Klavier

2000   Eastwest (Warner)   8573845172
«Dolphins», Film Soundtrack
Sebastian Knauer, Klavier, NDR Radio Philharmonie

2000   Nimbus Records   NI 5631
Schostakowitsch, Penderecki, Schnittke, Pärt
Simon Mulligan, Klavier

1999   Nimbus Records   NI 5582
Schnittke, Takemitsu, Weill
English Symphony Orchestra/William Boughton

Verwendete Literatur (Auswahl)

Hans-Joachim Bauer: Richard Wagner. Propyläen, Berlin 1995

Karl Böhm: Ich erinnere mich ganz genau. dtv, München 1973

Ernst Burger: Robert Schumann. Schott, Mainz 1999

Mosco Carner: Puccini. Insel, Frankfurt a. M. 1996

Tom Eastwood: Disasters in concert. Element Books, Longmead 1986

Bernd Feuchtner: Dimitri Schostakowitsch. Bärenreiter Metzler, Kassel 2002

Berta Geissmar: Im Schatten der Politik. Atlantis-Verlag, Zürich 1945

Norman Leberecht: Musikgeschichte in Geschichten. Deutsche Verlags-Anstalt, Stuttgart 1989

Brian Levison / Frances Farrer: Classical music's strangest concerts and characters. Robson Books, London 2007

Ernst Pichler: Beethoven – Mythos und Wirklichkeit. Amalthea, Wien / München 1994

Georg Solti: Solti über Solti. Kindler, München 1997

Isaac Stern: Meine ersten 79 Jahre. Lübbe, Bergisch Gladbach 1999

Igor Strawinsky: Erinnerungen und Gespräche. S. Fischer, Frankfurt a. M. 1972

Hugh Vickers: Great operatic disasters. Macmillan, London 1979

Eva Weissweiler: Clara Schumann. dtv, München 1994

Jochem Wolff / Armin Diedrichsen: Zwischentöne – Musik-Geschichten aus dem 20. Jahrhundert. Bärenreiter dtv, Kassel 2001

Personenregister

Adenauer, Konrad 136
Alagna, Roberto 132
Anders, Peter 176
Apoll 14
Arne, Thomas Augustine 130
Auber, Daniel François-Esprit 58

Bach, Johann Sebastian 32, 42, 72, 102, 121
Bach, Wilhelm Friedemann 109 f.
Barenboim, Daniel 50 f., 123
Barere, Simon 170
Bartók, Béla 136
Beaux Arts Trio 154, 160, 178
Beecham, Thomas 100
Beethoven, Ludwig van 34, 37 f., 51, 65 ff., 85, 97, 110, 123, 146, 178
Beinum, Eduard van 177
Berg, Alban 44 f., 133
Bernstein, Leonard 145
Bismarck, Otto von 173

Böhm, Karl 99
Borge, Victor 159
Boulez, Pierre 112, 154
Brahms, Johannes 41, 89, 93, 109
Brain, Dennis 176
Brandauer, Klaus Maria 91
Brendel, Alfred 159
Britten, Benjamin 167
Brönner, Till 119 f.
Brown, Iona 157 f.
Bruch, Max 25, 45
Burba, Malte 120

Caruso, Enrico 86 f., 151
Cäsar, Gaius Julius 113
Charles, Prinz von Wales 168
Chausson, Ernest 175
Cimarosa, Domenico 68 f.
Cocteau, Jean 135

Dalí, Salvatore 48
Damrau, Diana 150 ff.
d'Aranyi, Jelly 41

Dasch, Annette 144
Davis, Colin 112
d'Erlanger, Frédéric 87
d'Este, Leonora 80
DiDonato, Joyce 151 f.
Dohnanyi, Christoph von 167
Donizetti, Gaetano 99
Dvořák, Antonin 49, 109, 121, 124

Egk, Werner 149
Elgar, Edward 100, 112
Elisabeth II., Königin von England 166
Eurydike 13 f., 32

Fils, Anton 174
Finckel, David 161
Flotow, Friedrich von 78
Franklin, Benjamin 122 f.
Furtwängler, Wilhelm 100

Garrett, David 153
Geffen, Jeremy 162, 164
Geissmar, Berta 100
Gesualdo, Carlo 79 ff.
Gilels, Emil 177
Glasunow, Alexander 113 f.
Goethe, Johann Wolfgang von 17
Goos, Hauke 150
Gould, Glenn 45, 145
Granados, Enrique 175

Grieg, Edvard 170
Gruber, HK 162 ff.
Gubbay, Raymond 166
Guevara, Che 62
Guttenberg, Karl Theodor zu 91

Hades 14
Händel, Georg Friedrich 128
Hardy, Thomas 87
Haydn, Joseph 99, 125 f.
Hebbel, Friedrich 129
Heifetz, Jascha 138, 144
Hellmesberger, Georg 41
Hendrix, Jimi 107
Henze, Hans Werner 61 f.
Herostrat 57
Hitler, Adolf 73, 162
Horowitz, Vladimir 155, 170
Huneker, James 109

Jackson, Michael 106
Janowski, Marek 116
Joachim, Joseph 41, 119
Joplin, Janis 106
Judina, Maria 73 f.

Kagel, Mauricio 169
Karajan, Herbert von 121
Katharina II., Zarin von Russland 68
Keilberth, Joseph 170
Kennedy, Nigel 105 ff.
Kerner, Justinus 40

Knauer, Sebastian 83, 127
Konstantin, römischer Kaiser 25
Kreisler, Fritz 144
Křenek, Ernst 135
Kuschnir, Boris 52 ff.,

Leopold, Kaiser von Österreich 68
Liebermann, Rolf 47 f., 132 f.
Liszt, Franz 71, 146
Litz, Gisela 149 f.,
London, Jack 86
Ludwig XIV., König von Frankreich 173
Lully, Jean-Baptiste 173

Mahler, Gustav 133
Massenet, Jules 47
Mayer, Albrecht 122
Mehta, Zubin 102 f.
Mendelssohn Bartholdy, Felix 41
Meneses, Antonio 160
Menuhin, Hephzibah 146
Menuhin, Yehudi 125 f., 145 f.
Mey, Reinhard 138 ff.
Mottl, Felix 170
Mozart, Wolfgang Amadeus 32 f., 51, 68, 74, 77, 93, 102, 110, 150
Murphy, Edward A. jr. 31 f., 34, 37

Mussorgski, Modest 110 f.
Muti, Riccardo 95

Netrebko, Anna 159
Neveu, Ginette 175
Nijinsky, Vaslav 134
Norrington, Roger 89, 93, 115

Offenbach, Jacques 95 f.
Ogdon, John 146
Oistrach, David 175, 177
Orlowsky, David 138
Orpheus 13 ff., 32, 51

Petipa, Marius 131
Picasso, Pablo 135
Polykrates 29
Presley, Elvis 106
Pressler, Menahem 160, 178
Puccini, Giacomo 59, 61
Purcell, Henry 12, 173

Quint, Philippe 153

Rachmaninow, Sergej 114, 144
Rasputin 39
Reagan, Ronald 127
Reichardt, Andreas 72
Repin, Vadim 165
Remus 27
Richards, Keith 105
Robertson, David 163 f.
Rolling Stones 107

Romulus 27
Roosevelt, Theodore 87
Rossini, Gioachino 152

Salieri, Antonio 77
Satie, Erik 135
Schiller, Friedrich 29
Schnabel, Ernst 62 f.
Schnittke, Alfred 81
Schollum, Benno 125
Schönberg, Arnold 43 ff., 133
Schostakowitsch, Dmitri 53, 73
Schubart, Christian Daniel 174
Schubert, Franz 68
Schumann, Clara 40 f., 119
Schumann, Robert 40 ff., 105
Schwalbé, Michael 54
Scott-Heron, Gil 106
Scotti, Antonio 87
Sedlnitzky, Josef von 70
Seni 39
Shakespeare, William 25
Sharansky, Nathan 53
Sinopoli, Giuseppe 169
Solti, Georg 117 f., 123, 146
Sonnleithner, Joseph von 66
Spears, Britney 106
Spivakov, Vladimir 53
Stalin, Josef 73 f.
Stern, Isaac 101, 103
Sting 170
Stoessel, Albert 170
Stokowski, Leopold 179

Stradella, Alessandro 77 f.
Strauß, Josef 121
Strawinsky, Igor 81, 133 f.
Szenkár, Eugen 136
Szeryng, Henryk 111

Taylor, Charles 101
Tschaikowsky, Peter 123, 146, 174

Umberto, König von Italien 59

Vaughan-Williams, Ralph 158
Vengerov, Maxim 154
Verdi, Giuseppe 59, 95, 170

Wagner, Richard 71, 85, 95, 123, 130 f.
Wallenstein 39
Wand, Günter 99
Warren, Leonard 170
Weber, Carl Maria von 70 f.,
Webern, Anton von 133, 177
Wilde, Oscar 25
Wilhelm Ernst, Herzog v. Weimar 72
Wieniawski, Henryk 175
Wilson, Woodrow 175
Winehouse, Amy 106
Wood, Henry 100
Wunderlich, Fritz 176

Zemlinsky, Alexander von 133
Zerberus 14
Zimerman, Krystian 155